思想的·睿智的·獨見的

經典名著文庫

學術評議

策劃　楊榮川

五南圖書出版公司 印行

經典名著文庫

學術評議者簡介（依姓氏筆畫排序）

- 丘為君　美國俄亥俄州立大學歷史研究所博士
- 吳惠林　美國芝加哥大學經濟系訪問研究、臺灣大學經濟系博士
- 宋鎮照　美國佛羅里達大學社會學博士
- 林玉体　美國愛荷華大學哲學博士
- 邱燮友　國立臺灣師範大學國文研究所文學碩士
- 洪漢鼎　德國杜塞爾多夫大學榮譽博士
- 孫效智　德國慕尼黑哲學院哲學博士
- 秦夢群　美國麥迪遜威斯康辛大學博士
- 高明士　日本東京大學歷史學博士
- 高宣揚　巴黎第一大學哲學系博士
- 張光宇　美國加州大學柏克萊校區語言學博士
- 張炳陽　國立臺灣大學哲學研究所博士
- 陳秀蓉　國立臺灣大學理學院心理學研究所臨床心理學組博士
- 陳思賢　美國約翰霍普金斯大學政治學博士
- 陳清秀　美國喬治城大學訪問研究、臺灣大學法學博士
- 陳鼓應　國立臺灣大學哲學研究所
- 曾永義　國家文學博士、中央研究院院士
- 黃光國　美國夏威夷大學社會心理學博士
- 黃光雄　國家教育學博士
- 黃昆輝　美國北科羅拉多州立大學博士
- 黃政傑　美國麥迪遜威斯康辛大學博士
- 楊維哲　美國普林斯頓大學數學博士
- 葉海煙　私立輔仁大學哲學研究所博士
- 葉國良　國立臺灣大學中文所博士
- 廖達琪　美國密西根大學政治學博士
- 劉滄龍　德國柏林洪堡大學哲學博士
- 黎建球　私立輔仁大學哲學研究所博士
- 盧美貴　國立臺灣師範大學教育學博士
- 薛化元　國立臺灣大學歷史學系博士
- 謝宗林　美國聖路易華盛頓大學經濟研究所博士候選人
- 簡成熙　國立高雄師範大學教育研究所博士
- 顏厥安　德國慕尼黑大學法學博士

經典名著文庫050

實用主義

某些舊思想方法的新名稱

威廉・詹姆士 著
(William James)
孟憲承 譯

經典永恆・名著常在

五十週年的獻禮・「經典名著文庫」出版緣起

總策劃 楊榮川

五南，五十年了。半個世紀，人生旅程的一大半，我們走過來了。不敢說有多大成就，至少沒有凋零。

五南忝爲學術出版的一員，在大專教材、學術專著、知識讀本出版已逾壹萬參仟種之後，面對著當今圖書界媚俗的追逐、淺碟化的內容以及碎片化的資訊圖景當中，我們思索著：邁向百年的未來歷程裡，我們能爲知識界、文化學術界做些什麼？在速食文化的生態下，有什麼值得讓人雋永品味的？

歷代經典・當今名著，經過時間的洗禮，千錘百鍊，流傳至今，光芒耀人；不僅使我們能領悟前人的智慧，同時也增深我們思考的深度與視野。十九世紀唯意志論開創者叔本華，在其〈論閱讀和書籍〉文中指出：「對任何時代所謂的暢銷書要持謹慎的態度。」他覺得讀書應該精挑細選，把時間用來閱讀那些「古今中外的偉大人物的著作」，閱讀那些「站在人類之巔的著作及享受不朽聲譽的人們的作品」。閱讀就要「讀原著」，是他的體悟。他甚至認爲，閱讀經典原著，勝過於親炙教誨。他說：

「一個人的著作是這個人的思想菁華。所以，儘管一個人具有偉大的思想能力，但閱讀這個人的著作總會比與這個人的交往獲得更多的內容。就最重要的方面而言，閱讀這些著作的確可以取代，甚至遠遠超過與這個人的近身交往。」

爲什麼？原因正在於這些著作正是他思想的完整呈現，是他所有的思考、研究和學習的結果；而與這個人的交往卻是片斷的、支離的、隨機的。何況，想與之交談，如今時空，只能徒呼負負，空留神往而已。

三十歲就當芝加哥大學校長、四十六歲榮任名譽校長的赫欽斯（Robert M. Hutchins, 1899-1977），是力倡人文教育的大師。「教育要教眞理」，是其名言，強調「經典就是人文教育最佳的方式」。他認爲：

「西方學術思想傳遞下來的永恆學識，即那些不因時代變遷而有所減損其價值的古代經典及現代名著，乃是眞正的文化菁華所在。」

這些經典在一定程度上代表西方文明發展的軌跡，故而他爲大學擬訂了從柏拉圖的《理想國》，以至愛因斯坦的《相對論》，構成著名的「大學百本經典名著課程」。成爲大學通識教育課程的典範。

歷代經典‧當今名著，超越了時空，價值永恆。五南跟業界一樣，過去已偶有引進，但都未系統化的完整舖陳。我們決心投入巨資，有計畫的系統梳選，成立「經典名著文庫」，希望收入古今中外思想性的、充滿睿智與獨見的經典、名著，包括：

- 歷經千百年的時間洗禮，依然耀明的著作。遠溯二千三百年前，亞里斯多德的《尼各馬科倫理學》、柏拉圖的《理想國》，還有奧古斯丁的《懺悔錄》。
- 聲震寰宇、澤流遐裔的著作。西方哲學不用說，東方哲學中，我國的孔孟、老莊哲學，古印度毗耶娑（Vyāsa）的《薄伽梵歌》、日本鈴木大拙的《禪與心理分析》，都不缺漏。

- 成就一家之言，獨領風騷之名著。諸如伽森狄（Pierre Gassendi）與笛卡兒論戰的《對笛卡兒沉思錄的詰難》、達爾文（Darwin）的《物種起源》、米塞斯（Mises）的《人的行爲》，以至當今印度獲得諾貝爾經濟學獎阿馬蒂亞·森（Amartya Sen）的《貧困與饑荒》，及法國當代的哲學家及漢學家余蓮（François Jullien）的《功效論》。

梳選的書目已超過七百種，初期計劃首爲三百種。先從思想性的經典開始，漸次及於專業性的論著。「江山代有才人出，各領風騷數百年」，這是一項理想性的、永續性的巨大出版工程。不在意讀者的眾寡，只考慮它的學術價值，力求完整展現先哲思想的軌跡。雖然不符合商業經營模式的考量，但只要能爲知識界開啓一片智慧之窗，營造一座百花綻放的世界文明公園，任君遨遊、取菁吸蜜、嘉惠學子，於願足矣！

最後，要感謝學界的支持與熱心參與。擔任「學術評議」的專家，義務的提供建言；各書「導讀」的撰寫者，不計代價地導引讀者進入堂奧；而著譯者日以繼夜，伏案疾書，更是辛苦，感謝你們。也期待熱心文化傳承的智者參與耕耘，共同經營這座「世界文明公園」。如能得到廣大讀者的共鳴與滋潤，那麼經典永恆，名著常在。就不是夢想了！

二〇一七年八月一日　於

五南圖書出版公司

威廉・詹姆士《實用主義》導讀

實用主義從十九世紀七〇年代創立於美國，歷經一個半世紀興盛而不衰，不僅在學術界始終保持其強大的思想影響力，而且也廣泛地傳播滲透於全球社會各界；這一切，不但值得哲學家們深思反省，也促使一般人，特別是關切自己的精神生活品質的人們，對實用主義產生強烈的興趣。

實用主義首先是當代西方的一支哲學流派；而作爲一種哲學，它也引起過很多人誤解，以爲實用主義和其他哲學一樣，屬於很抽象的玄學理論，難以理解和難以把握。其實，恰好是實用主義，打破了以往傳統哲學的抽象玄學形式，以「簡易實用」的原則和方法，加強了哲學與實際生活的密切結合，特別是爲人的思想觀念和社會行爲提供方便有效的貫徹原則，使越來越多的人，試圖以實用主義的原則和方法，解決他們所面臨的實際問題。

當然，要眞正把握詹姆斯的實用主義哲學思想，首先，必須了解詹姆斯本人的思路以及他所處的那個歷史時代的思想文化狀況，並且還要進一步了解，實用主義的其他重要代表人物和整個學派的簡略發展過程，以及他們所堅持的基本精神。

實用主義不是詹姆斯一個人憑空玄思冥想出來的思想體系。美國另一位實用主義思想家皮爾士（Charles Sanders Peirce, 1839-1914），早在一八七八年，就發表了《怎樣使我們的思想觀念清晰起來》（*How To Make Our Ideas Clear*）[1]；在這部書中，皮爾斯首次使用「實用主義」這個概念，並以簡單明瞭的哲學語言，傳播實用主義的基本原則和方法，使實用主義從此登上當代西方哲學舞臺。

在實用主義的思想發展史上，詹姆斯幾乎與皮爾士同時爲奠定實用主義基本原則做出重大貢獻，而在他們之後，則是杜威（John Dewey, 1859-1952）爲實用主義的廣泛傳播立下豐功偉績。

實用主義本身雖然產生於十九世紀七〇年代的美國，但它的思想理論淵源，卻深存於歐洲自古希臘經基督教而延伸至啓蒙時代所累積的西方傳統中。因此，要充分理解實用主義，不但必須盡可能精讀實用主義主要代表人物的原著，細心消化實用主義的基本內容，還要深入了解產生實用主義的十九世紀西方社會文化之具體條件，特別是當時西方社會中存在的思想文化危機，以及這場思想文化危機同當時迅速發展起來的科學技術與創新方法的內在聯繫[2]。

我們必須知道，從文藝復興和啓蒙運動之後，西方哲學和整個社會文化狀況發生了根本的轉變，迎來了哲學及整個人文社會科學在十九世紀二、三〇年代的繁榮，歐洲各個主要國家紛紛創建了具有特色的哲學及人文社會科學領域的多元化理論體系。而在哲學上，主要是形成了一系列系統化的理論和方法，它們各自聲稱是科學眞理的理論化身，但同時也把本來富有不斷創新精神的理性懷疑的反思力量，凝固和窒息在體系化形而上學的抽象概念體系和邏輯格式框架中[3]；而德國古典哲學中黑格爾的絕對觀念論，就是這種體系化形而上學的典範。

這一切，恰好體現了西方思想文化發展的悖論性（Paradox）[4]。它一方面宣告了文藝復興及啓蒙運動所宣導的理性原則的勝利，另一方面又逐步暴露了現代理性內在所隱患的矛盾，逐漸顯示現代理性過分強調的系統性、普遍性、清晰性和邏輯性的某些缺欠，使本來具有一定意義的理性原則進一步絕對化和膨脹化，壓制並窒息了實際社會生活和人性中各種複雜的非理性因素的功能和作用，也使理論的系統性、普遍性、清晰性和邏輯性，轉化成爲固定的僵化格式。不但把活生生的實際生活和普通人性的豐富靈活的性質加以扭曲，而且也阻止了各種潛在的和可能的多樣化創新力量。

同哲學上的形而上學體系化的傾向一樣，在文學、藝術及各個人文社會科學領域內，也形成了各種號稱「典範」或「經典」的體系化理論和作品，試圖樹立它們的「理論權威」，並把這些典範和經典當成一切創造的固定模式，強制性要求各個領域的創作活動，都必須套入這些格式化的固定框架，從而導致十九世紀中葉歐洲思想文化的新危機，也同時推動了「現代性」（Modernity）的誕生。

這就是實用主義產生的特殊思想文化條件。很多人往往忽略實用主義哲學具有現代性的特徵，其原因是他們都輕易地混淆它與整個西方哲學的基本精神，從而無法眞正掌握蘊含在實用主義哲學內部的那種反形而上學的思路；也無法把握實用主義對傳統理性主義的批判精神。

現代性是西方思想文化、社會發展、社會制度以及哲學與人文社會科學領域的一種非常複雜的綜合性變革，它尤其表現了新時代的一種「心態」（Mentality）、一種生活態度（Attitude）和思想模式（Thinking Model）。就現代性與實用主義的內在關係而言，它主要試圖在西方現代化基本實現工業化之後，更有效地進一步處理和解決現代化面臨的新矛盾，力圖調整思想觀念、創新行動及社會效應之間的相互關係，跳出傳統形而上學以及從笛卡兒以來的近代知識論和眞理論的抽象框架。進而使實用主義，提出了對於「外在世界」、「觀念世界」及「我們的行動」之間相互關係的靈活開放態度，不再堅持從十四世紀到十八世紀末（古典時期）格式化的理性主義，而是尋求鼓勵一切自由創新的新型模式[5]，並確保各種新型人才的創新行動得以高效率地推動現代化進程，從根本上改變社會生活的遊戲規則，高速實現新一輪現代化的新發展。這一狀況，在美國尤其突出。

十九世紀的美國，以其占優勢的、得天獨厚的時空條件和富饒的自然資源，在短期內實現了歐洲需要好幾個世紀才能完成的現代化進程。正當歐洲在十九世紀四〇年代遭遇社會革命的動亂而在經濟上陷入危機的時候，美國第十一屆總統詹姆斯．博爾格（James K. Polk, 1795-1849）在一八四五至一八四九年就職期間，通過對於墨西哥的征服性戰爭而使美國經濟在短期內贏得了增長三分之一的高速發展效果。接著，一八六一年三月登上總統寶座的林肯（Abraham Lincoln, 1809-1865）在南北戰爭中取得了決定性的勝利，爲美國進一步快速高效現代化掃除了障礙，使美國在一八六五至一八七七年間，進入「重建時期」（Reconstruction Era），將消除奴隸制、加強聯邦政府以及加速經濟現代化，當成美國從十九世紀七〇年代開始高速發展現代化的重要步驟。從一八四〇至一八七〇年，美國工業生產總值增長了百分之二十；在十九世紀最後三十年，美國實現了生產總值按人頭平均增長一倍的驚人成果，使它在一八九五年超越英國而成爲生產總值占全球首位的強國[6]。

伴隨並引領如此高速經濟發展的主要力量，是因爲科學技術方面的重大發明及其快速推廣；而美國知識份子、科學家和思想家的思想創新，則是美國快速高效現代化的基本精神支柱。在總結歐美現代化經驗的基礎上，他們意識到：在全球現代化進程中，只有充分發揮美國社會歷史的特色，敢於超越歐洲現代化模式，積極探索和選擇有利於追趕歐洲現代化進程的嶄新思想觀念、手段及特殊方法，才能實現他們夢寐以求的「美國夢」。

思想上和精神上的創新是最關鍵的因素。可以說，整個十九世紀就是美國思想革命的關鍵歲月。早在十九世紀上半葉，不只是在經濟上，更重要的是在思想上和精神上，美國已經顯示出超越歐洲的豪邁氣概。美國人雖然多數是歐洲移民及其後裔，但他們不甘落後於歐洲，從宣布獨立到十九世紀末，一個世紀內，美國人不只是從經濟、政治和社會變革方面，更重要的是，從一開始，就試圖在思想上和精神上尋求超越歐洲的有效出路，堅持創建能夠集中表現美國獨特精神風格的思想力量和基本理論體系[7]。

十九世紀中葉以後，美國知識份子及其精神領袖不遺餘力地將歐洲浪漫主義改造成美國式的浪漫主義，同時還把歐洲「現代性」轉化成美國式的創業精神，試圖擺脫歐洲人移民美洲早期的宗教節欲原則，並批判各種不利於創新的命定論和宿命論，強烈抨擊社會發展中滋生氾濫的罪惡和腐敗力量；崇尚自然的眞善美內在本性，強調思想創新的多元化和個體化；宣導個人創造激情的首要地位，鼓勵個人充分發揮直觀性和直覺性的創造力量。同時，又充分發揮科學技術新發明的指導思想特徵，把發明過程中的冒險精神和穩紮穩打、積極探索的原則結合起來，進行多方面的調查，並在調查中，發揮創新主體的主觀觀念靈活性，巧妙地處理探索目的與方法的關係，保障高效率創新活動的逐一實現[8]。

由於對個人主體創造精神的高度重視，成爲了產生實用主義前夕的「超驗論」（transcendantalism）思想基調，其代表人物美國思想家愛默生（Ralph Waldo Emerson, 1803-1882）和亨利．大衛．梭羅（Henry David Thoreau, 1817-1862）等人。尤其環繞超越肉體和超越經驗的「總體性信念」（Holistic Belief），鼓勵把創造主體的獨特信念放在首位，主張通過個人直觀和個體反思的獨特精神，去對抗各種傳統式信條和古典時代的理智論（Classic Intellectualism），並反對過分盲從理性和理智的原則、邏輯歸納主義（Logical Reductionism）以及機械論（Mechanism）；強調個體生命內部的創造精神力量的決定性作用；宣導回歸自然（Return to the Nature），在個人精神向大自然滲透的過程中，充分發揮個體的創造力。

美國式浪漫主義與超驗論，表現了一種具有革命意義的新型生命哲學（a revolutionarily new philosophy of life）[9]，體現了已經獲得獨立地位的美國人，對於自力更生、超越歐洲先進成果，抱有強烈自信，他們不相信按部就班和循規蹈矩的原則，對自身的獨創性及其未來勝利抱有堅定的信念。正如愛默生在一八四一年寫的「自信」（Self-Reliance）一文所表述的，必須以一個具有美國本土原住民特徵的自身爲基礎，創建一種普遍的自信（aboriginal self on which a universal reliance may be grounded）；每個人都要力圖擺脫任何權威對我們自身的控制，必須使自己成爲不受規訓約束的自由個體。愛默生還指出，不應該使自己禁錮在歷史的框架之中：「歷史不會爲我們帶來啓蒙，啓蒙只是靠個人才能達到」（History cannot bring enlightenment; only individual searching can）；眞理只存在於個人自身之中，因此，愛默生勸誡他的讀者，讓他們照自己認爲正確的方式去做，照自己的本能去做，不管別人怎麼想（to do what they think is right no matter what others think）[10]。

由此可見，浪漫主義在美國的本土化以及超驗論的誕生，奠定了美國思想文化的基本精神，也爲實用主義的誕生提供了思想基礎；最主要的，是使美國人時刻惦記自身歷史文化傳統薄弱性的特徵，盡可能將歷史和文化的弱點轉化成爲勵志創業創新的積極力量；極力塑造富有敏感性和創造激情的典型人物，把個人自由當成高於一切的最高價值；鼓勵對傳統思想的批判，鼓吹不顧一切和衝破現有界限的創業熱情以及冒險性的實踐。

所以，從十九世紀興起的浪漫主義和「現代性」及其美國本土化，雖然首先在文學藝術領域內興起，但其基本精神卻集中在實用主義哲學，反映了這個時代新興的美國民族的人文思想和哲學社會科學新發展的基本要求：第一，它反對將思想文化的創造活動格式化和體系化[三]；第二，反對將眞理典範化，反對以一個固定的理論成果當作一切創作的「眞理」的典範；第三，反對將理性絕對化，主張將實際的創作激情和創新欲望以及各種非理性的力量，與理性一樣平等地受到鼓勵，讓理性和非理性都在創作中自由地、不受任何約束地發揮作用；第四，反對將眞理抽象化和一般化，呼籲一切創作返回生活和思想本身的邏輯軌道，使創作成爲生命本身的自然運作及其超越性的直接表現，使理性及理性之外的各種精神力量，都依據創作的實際展現過程而發揮它們的自然性質；第五，反對用政治和道德的標準去衡量創作活動的性質和內容，主張將創作本身的獨立性發揮到極致，實現創作的絕對自由；第六，強調創新沒有標準，沒有典範，沒有統一格式，沒有適用於一切創作活動的「方法」；反之，創作必須擺脫一切規定，確保創作變成爲創作者個人的自由獨立的行爲；第七，創作不尋求永恆不變的結果，只求創作過程中每一個瞬間的抉擇智慧，不寄託於穩定的秩序和程式，只求不確定性中的希望瞬間地突顯，因此強調在瞬間中把握希望的機遇；第八，強調創作取決於個人信念、行爲習慣、意志、情感及其在創作過程中的主導性協調，以便使個人經驗在行動中扮演一種協調力量；第九，相信創作過程的流動性和自然協調性，主張在創作過程中尋求各種有可能提供有利於取得最大效果的「機遇」。

在歐洲，現代性思想革命的主要代表人物是法國詩人夏爾．波特萊爾（Charles Baudelaire, 1821-1867）以及德國的馬克思和尼采。他們爲了解除對古典格式的迷信，首先集中批判理性中心主義，通過對理性中心主義的分析，他們把批判的矛頭指向理性中心主義的主體中心主義及其語言邏輯原則。所以，現代性對於理性中心主義的批判及其各種爭論，都脫離不了對語言邏輯原則的批判，也脫離不開對於舊形而上學抽象體系的批判。正是在這個意義上說，實證主義（Positivism）、結構主義、實用主義等新思潮，在十九世紀的出現，恰當地把批判理性主義與重建思維的語言邏輯巧妙地結合在一起，成爲了現代性以來西方思想文化長期爭論的自然產物。

實證主義和實用主義在歐美的出現和現代性的興起，不約而同地，表現了西方哲學發展的一個新轉捩點。從啓蒙到十九世紀中葉的工業革命以及西方現代社會文化制度的確立，科學技術的突飛猛進，更促進了取得優先發展地位的美國試圖實現高效率發展現代化的夢想。

正是在這樣的歷史和社會文化的條件下，兩位在美國土生土長、胸懷大志、多才多智的思想家皮爾士和詹姆斯，應運而生；他們的誕生及其實用主義的形成，簡直就是美國近代歷史發展中順理成章「呼之欲出」的關鍵人物和重大事件。

累積了雄厚的現代科學知識基礎和西方人文傳統文化精華，身為數學家、邏輯學家、符號學家、語言學家、心理學家、社會學家、人類學家、自然科學家和哲學家的皮爾士和詹姆斯，結合十九世紀上半葉西方哲學爭論的成果，發揚實證主義和功利主義的核心精神，重新協調理性主義和非理性主義的關係，總結了各種探索行為發生時，人際之間使用符號的歷史經驗，以調整行為者思想觀念及其行為方向和內容，旨在高效率地達到行為觀念中所確立的目標，才創立了「實用主義」。

實用主義所要考查和宣導的創新活動，是一種非常敏感、非常活躍、非常能動，但又非常脆弱、有待探險和謹慎檢驗的開創性行為，同時又是某種「非常規」的突破性行動，需要堅持冷靜細緻地考查和反覆試驗的複雜步驟，把探險與謹慎結合起來，又把科學實驗與日常行為習慣加以協調，力圖在反覆實踐中，依據貫徹過程的不同階段所產生的行為效果，以及由此造成的各種關係的變化程度，發揮主觀經驗的智慧，恰當處理主客觀相互關係，並拿捏各種因素之間的相互關係的分寸，以達到最大限度的實際效果。

所以，發生和產生於十九世紀七〇年代西方國家的實用主義，是一種以西方哲學、科學技術和西方人長期通行的日常生活方式爲基礎而創造的哲學和社會文化思潮，它深刻地積澱了西方思想文化的複雜歷史傳統，又表現了西方人自啓蒙時期至十九世紀工業革命過程中所逐漸形成的基本心態，反映了當時西方社會文化的新變革特徵。這些複雜的內容，凝聚在實用主義的基本原則，也體現在實用主義的各個具體方法及其許多重要概念上。

由此看來，實用主義的核心及其基本精神，固然表現在它的基本概念及其表述方式，但這些概念及其表述，不過是深入把握其核心和基本精神的「入門」。實用主義的眞正內容、概念、原則和方法，既隱含了西方社會文化長達兩千年曲折發展的經驗，同時又濃縮了西方人「爲人處事」的智慧，因此，絕對不能以爲光靠表面地背熟它的基本概念和基本原則，就可以完整地加以把握。

詹姆斯的實用主義原則，強調透過實際上的成果（practical consequences）以及核對總和，來驗證我們最初設定的概念和假設的眞理性質。詹姆斯認爲「眞理」，概括地說，無非就是我們思想方式的一種適當方便的權宜手段（is only the expedient in the way of our thinking）；就好像「正確」，無非就是我們的行爲方式的一種適當方便的權宜手段（just as 'the right' is only the expedient in the way of our behaving）。

基於這樣的眞理觀，詹姆斯特別強調「經驗」（Experience）的特殊功能。對於我們來說，觀念是否正確，就要看它們是否有助於滿足我們其他經驗的要求；任何觀念，只要能夠從一部分經驗到另一些經驗中，引導我們獲得成功；只要能夠把各種事物完滿地連接起來；只要能夠確保我們的工作進行順利，那就是眞理。

顯然，詹姆斯實用主義所重視的「經驗」，是個體化、具體化、階段化的有效行爲習慣的表現，同時也是有可能在一個共同體中互通並沉澱下來而成爲有效的通用方法；因此，在詹姆斯看來，經驗也是有生命力的實際力量結晶體，它還可以在各種具體實踐中獲得更新，轉化成爲具有滲透力的文化力量，又可以隨時依據主體的智慧而在不同環境中靈活應用。

正因爲這樣，詹姆斯的實用主義，實際上是一個調和的體系，無非是一種具有「仲介」性質的體系（as a mediating system）。所以，詹姆斯指出：「實用主義使各種理論不再僵化，使它們柔和起來，並使它們都有可能發生作用。」

此外，詹姆斯也把實用主義哲學比做「多元論的哲學」。他認爲，多元論的哲學可以防止僵化（unstiffen），使哲學變得靈活些，有伸縮性，沒有一點礙手礙腳的教條，沒有任何一點需要加以嚴密論證的生硬教義；相反地，它準備享用任何一種假設，以便向所有人提供有助於成功的哲學方法。所以，實用主義也是開放的，隨時準備修正自己的觀念和方法，隨時準備吸收各種新的、有用的經驗。

實際上，實用主義哲學對於許多現代人來說，並不是陌生的。有許多很少關心哲學問題的商人、工業家和市民們，其實都已經在他們自己的商業活動、社交來往以及大量的日常生活行爲中，或多或少地奉行實用主義的哲學原則。所以，對於許多現代人來說，儘管沒有受過專門的哲學教育，但只要細心閱讀實用主義的基本著作，他們立即就能體會到實用主義哲學和他們本人之間的密切關係。

現代化和全球化的發展進程，加快了社會生活的運作節奏，也使許多問題變爲複雜多變。在各方面，增加了實際生活的模糊性和不穩定性，促使人們重新對實用主義產生新的興趣，也使他們意識到把握實用主義的必要性和重要性。正是在這個意義上說，五南出版社重新翻譯和出版詹姆斯的這部實用主義專著，可以說是「恰逢其時」。

高宣揚

二〇一八年九月三十日於巴黎

◆注釋◆

[1] 皮爾斯的這篇論文，其實是在１８７７年，首先為法語《哲學雜誌》（*Revue philosophique*）撰稿，然後翻譯成英語，在１８７８年12月和１８７９年１月，正式發表在該雜誌的第六卷和第七卷上。

[2] Guénon, René., ***La Crise du monde moderne***, Paris, Bossard, 1927: 12-16; Tiercelin, Claudine., ***C.S. Peirce et le pragmatisme***, Paris, PUF, 1993: 26-43; Cometti, Jean-Pierre., ***Qu'est-ce que le pragmatisme?***, Paris, Gallimard, 2010: 32-34; Menand, Louis., ***The Metaphysical Club: A Story of Ideas in America***, New York, Farrar/Straus/Giroux, 2001: 52-56; Haack, Susan., ***Pragmatism, old & new: selected writings***. Prometheus Books. Robert Edwin Lane (11 April 2006): 18–67.

[3] *Strauss, Leo. "Niccolò Machiavelli". In* ***History of Political Philosophy****, third edition, edited by Leo Strauss and Joseph Cropsey, Chicago: University of Chicago Press, 1987: 298-302.*

[4] Compagnon, Antoine. ***Les Cinq Paradoxes de la modernité***, Paris, Seuil, 1990: 32-40.

[5] Eisenstadt, Shmuel Noah., ***Comparative Civilizations and Multiple Modernities***, 2 vols. Leiden and Boston: Brill.2003.

[6] Zakaria, Fareed., ***From Wealth to Power: The Unusual Origins of America's World Role***. Princeton UP. 1999: 46.

[7] Alexis de Tocqueville, ***De la démocratie en Amérique***, Ed. Philippe Reynaud, Paris, Poche, 2010[1835-1840]; translated by Henry Reeve, ***Democracy in America: Part the Second: The Social Influence of Democracy, Volume 2, Democracy in America: Part the Second: The***

Social Influence of Democracy, J. & H. G. Langley; Philadelphia, Thomas, Cowperthwaite & Company, 1840; Hoeveler, J. David, ***Creating the American Mind: Intellect and Politics in the Colonial Colleges***, Rowman & Littlefield, 2007: xi; Ellis, Joseph J., ***The New England Mind in Transition: Samuel Johnson of Connecticut, 1696-1772***, Yale University Press, 1973: 34; Goodman, Russell B., ***American Philosophy and the Romantic Tradition***, Cambridge: Cambridge University Press, 1990.

【8】George L. McMichael and Frederick C. Crews, eds. 6th ed. ***Anthology of American Literature: Colonial through Romantic,*** 1997: 613; Cometti, Jean-Pierre., ***Qu'est-ce que le pragmatisme?***, Paris, Gallimard, 2010: 234-236; Tiercelin, Claudine., ***C.S. Peirce et le pragmatisme***, Paris, PUF, 1993: 85-94..

【9】*Hacht, Anne, ed.* ***"Major Works" Literary Themes for Students: The American Dream.*** *Detroit: Gale. 2007: 453-466;* Richardson, Robert D. Jr. ***Emerson: The Mind on Fire,*** Berkeley, California: University of California Press, 1995: 12-35.

【10】Richardson, Robert D., Jr., ***Emerson: The Mind on Fire.*** Berkeley, University of California Press, 1995: 18

【11】*Delanty, Gerard. "Modernity", In* **Blackwell Encyclopedia of Sociology**, *edited by George Ritzer. 11 vols. Malden, Mass.: Blackwell Publishing, 2007.*

原序

這是一九〇六年十一月、十二月我在波士頓的羅威爾研究所（Lowell Institute），一九〇七年一月在紐約哥倫比亞大學的講演錄，照口說印成，沒有加什麼申說或附注。所謂實用主義（pragmatism）之運動——我不喜歡這個名詞，但是現在要改它也太遲了，好像忽然憑空而來。其實哲學裡已有的幾個趨勢，同時發生集合的自覺，且感受著它們共同的使命。這個運動，發起在許多國家，有許多的觀察點，所以結果是許多不一致的表述。我從個人眼光所見到，要做一個統一的說明，只敘大概，不詳作繁瑣的論辯。我相信：如若我們的批評家肯稍等幾時，待我們的話說完了再批判，可省卻許多無謂的爭執。

如若這講演錄能引起讀者對於實用主義的興趣，他一定希望再讀別的書，所以我給他幾種參考的書籍。

在美國，杜威（Dewey）的《論理學說的研究》（*Studies in Logical Theory*）是基本。再讀他在下列雜誌裡的論文：

Philosophical Review, vol. xv, pp. 113-465.

Mind, vol. xv, p. 293.

Journal of Philosophy, vol. iv, p. 197.

最好先讀席勒（Schiller）的《人本主義的研究》（*Studies in Humanism*），裡面第一、五、六、七、十八、十九各篇尤要。席勒以前所做的論文，和這問題的一般辯論的文字，在他書裡夾注內都可檢出。

其次讀：

米約（Milhaud），*Le Rationnel*, 1898.

勒羅伊（Le Roy）的論文，記載在*Revue de Métaphysique*, vols. 7, 8, 9。布隆德爾（Blondel）和德賽利（De Sailly）的論文，記載在*Annales de Philosophie Chrétienne Ame Série*, vols. 2 & 3。

巴比尼（Papini）曾宣布用法文著一本關於實用主義的書，不久便可出版了。

至少我要免除一個誤解，就是實用主義和我近期主張的「極端經驗主義」，其間沒有論理的關係。後者是靠自己存在的。一個人盡可完全否認，他卻仍可為實用主義者。

一九〇七年四月哈佛大學

目次

第一篇　哲學上現在的兩難

切斯特頓（Chesterton）自敘他的一部文集叫做《叛教徒》（*Heretics*）[1]，其中有幾句話：「有幾個人——我就是其中的一個——想，關於一個人最實在最緊要的一件事，就是那個人對於宇宙的見解。我們想，一個房東太太對於他的房客，最要緊的是知道他收入有多少，但是更要緊的，是懂他的哲學；我們想，一個將軍出去打仗，要緊的是知道敵人的數目，但是更要緊的，是知道那敵人的哲學。我們不用問宇宙的原理，對於事物有沒有影響，只需問除了這個以外，還有什麼能影響事物。」

這一點，我和切斯特頓先生的看法一致。我知道你們各人有一種哲學，而且關於各人最有趣最要緊的一件事，就是各人的哲學怎樣決定了各人的宇宙觀，你們知道我也是一樣。可是我現在要和你們講論這哲學，心裡有些惴惴的。因爲我們各人所必需的哲學，並不是一科專門學術；只是大家感受著人生一種老實的深切的意義。從書上得來的哲學，不過是哲學的一部分；它的大部分，就是我們各人對宇宙的觀感的方法。我不能猜想，你們當中有多數人是宇宙學的學生，然而我站在這裡，卻想引起你們在一種哲學上的興趣。這種哲學，講起來，少不了要用些專門學術的敘述法。我要把我所篤信的一種新趨向說出來，使你們大家表示同情。你們雖不是學生，我卻要來講大學教授所講的話。不論什麼宇宙，只要是哲學教授所信仰的，總是說來話長的。兩句話就可界說明白的宇宙，那是用不著教授的智力去思想的。對著那樣淺陋的東西，他怎會有信仰呢？我聽見我的朋友和同事，也有在這會堂裡講過哲學，他們沒有講多少話，人家就嫌他們乾燥無味，所以他們的結果少有完全滿意的。我現在的嘗試也大膽了。實用主義（pragmatism）的倡始者譯者按：此指C. S. Peirce，近來自己也在羅威爾研究所（Lowell Institute）演說了幾回，講題就是這個名詞，眞好像黑夜裡放出明光了！他說的，我想也沒有人全懂，我現在站在這裡，還要去經歷那同樣的冒險。

我冒這個險，也因爲那些講演，聽的人很多。但凡我們聽人談起高深的學理來，即使我們和談者都不懂，也總有一種很怪的妙趣。我們都能感受著那種問題的刺激，覺得一種「大」的存在。若是在吸煙室裡，發生一個辯論，不論是關於意志自由，或是神的萬能，或是善與惡，你可以看大家如何豎起了耳朵聽著。哲學的結果和我們都有最重要的關係。哲學上最奇僻的辯論，也很愉快地引起我們精微巧妙的感覺。

我是篤信哲學的人，又信我們哲學家將看見一種新曙光，所以覺得不論說得對不對，總要將現時的消息傳達給你們。

哲學是人類事業中最高遠的，也是最煩瑣的。它在最狹小的罅隙裡用力，辟出最闊大的景地來。有人說它「烘不了什麼麵包」，然而它卻能振起我們的靈魂，教它勇敢。它的模樣、它的疑惑和詰難、它的游辭和辯論，常人多見它是討厭的；然而在這世界的觀念上，要是沒有哲學上發出的幾條遠照的明光，我們就連一天也不能安穩。它的光輝，和那因此光輝而生的黑暗和奧妙，就能使它所說的話發生一種趣味。這種趣味，便不限於專家學者的了。

哲學史的大部分，是人類氣質牴觸的歷史。這個說法，我的同儕之間，或者有人以爲有失體統，但是我不能不把這牴觸說個明白，再拿它來解釋哲學家的許多爭議點。凡專門的哲學者，不問他有哪種氣質，當他作哲學思想時，常要遮蓋那氣質，因爲一個人所擁有的氣質，習慣上不將它視爲一個辯論的理由，所以哲學者辯護他的結論時，須提出一些無關個人的理由。其實他的氣質所帶給他的偏執，比那客觀的前提所給他的，還是強得多。兩頭的證據本來一樣，只要加上一個氣質，一頭就重多了。他的宇宙觀念，或是偏重感情的，或是偏重理性的，都是隨著氣質而定，也同隨著這個事實或那條原理一樣。他總信托他的氣質。他要一個能符合他氣質的宇宙，所以無論何種宇宙的解釋，若能合他的氣質，他就信仰。凡是和他氣質相反的人，他就覺得他們不懂世界的性質。雖然他們的辯論能力比他還要高明，但他心裡總想著，這樣的人在哲學上總是門外漢，總是不勝任的。

然而在辯論會上，他不能僅依據他的氣質，來爭取他的辨別力或學問的優勝。於是在我們哲學的辯論裡，乃發生一種不誠實情況：我們前提中最重大者是永遠沒人提起的。在我們這講演裡，倘若破除了這個先例，把它說了出來，在明瞭上一定大有幫助，所以我便很自然地說了出來。

我說的，自然是指那些確實特別的人，有根本特性之人能把他們的肖像印在哲學上，能在哲學史上占個地位。柏拉圖（Plato）、洛克（Locke）、黑格爾（Hegel）、斯賓塞（Spencer）都是有這般氣質的思想家。至於我們普通人，在思想上多數沒有確定的氣質，我們是兩種相反氣質的混合物，每種氣質都有些，卻沒有一種特別強的。在抽象的事物上，我們不太知道自己有什麼偏好，即使是有了，只要人家一說，便會隨之改掉，結果還是跟著風向走，或是依著身旁最動人的哲學家的主張。但是哲學上至今以為有效力的一件事，就是一個人要能看事物，要拿他自己特別的想法去看事物，並且對於相反的看法，不甚滿意。我們不能說，這個堅強氣質的幻想，在人類信仰的歷史上不算重要。

我現在心裡所想的一種氣質上的差異，是文學、美術、政治、禮貌和哲學上都有的。講起禮貌來，就有拘泥禮節和不拘泥禮節的兩派人；在政治上，有服從主義派和無政府主義派；在文學上，有練語派和寫實派；在美術上也有擬古派和浪漫派。這些分別，是大家所承認的。在哲學上，我們也有相對的兩派，就是「唯理主義家」（rationalist）和「經驗主義家」（empiricist）。經驗主義家，是愛事實的人；唯理主義家，是信仰抽象的永久的原理的人。事實和原理，不論哪一個人也不能一刻離開，所以這個差別，不過是注重點上的差別罷了。然而那些注重點不同的人，竟彼此生出許多劇烈的厭惡感。我們若拿「經驗主義家」和「唯理主義家」的兩種氣質來表示他們宇宙觀念的差別，會覺得非常適當。有了這兩個名詞，這個比較也就覺得很簡單，並且很概括的。

這些名詞所指的人物，平常沒有那樣簡單和概括。因爲人性裡，能有各種的性質聯合。若是我們說到經驗主義家和唯理主義家的時候，再加上這些附屬的區別名字，使我的意思更有豐富的定義，那最後我請你們當我所說的話是有些任意獨斷的。我選出性質上兩種聯合，這兩種聯合是常有的，卻並非一律的。我之所以選出這兩種，單單爲了便於幫助我表現出實用主義的特質來。在歷史上，我們知道「唯智主義」和「唯覺主義」兩個名詞和「唯理主義」與「經驗主義」是通用的。唯智主義常帶一種唯心的樂觀趨向。經驗主義家卻又常偏於唯物，他們的樂觀不是絕對的，並且非常容易動搖。唯理主義必定是一元的。它從全體和通性說起，最注重事物的統一性。經驗主義從部分說起，它說的全體，不過是一個集合體，所以不妨叫它自己是多元的。唯理主義自以爲比經驗主義多包含宗教性。這個要求，說起來話很多，現在講起不過一句罷了。若唯理主義家是個感情的人，而經驗主義家是個自名理性的人，那最後這個要求才是眞的了。那樣的唯理主義家常主張意志自由說；那樣的經驗主義家都是定命論者——我用這些名詞，都取它最通行的。到了最後，唯理主義家總帶著些獨斷性的氣質；經驗主義家，比起其他還要容易懷疑一些，還肯開誠地討論一些。

我且把這許多特性分兩行寫下。若是我加上「柔性者」和「剛性者」的兩個稱號，我想這兩種的精神組織，你們便可更容易認識。

柔性者（由原理著手）	剛性者（由事實著手）
唯理主義的	經驗主義的
唯智主義的	唯覺主義的
唯心的	唯物的
樂觀的	悲觀的
有宗教性的	無宗教性的
意志自由論的	定命論的
一元的	多元的
獨斷的	懷疑的

我所寫的兩行比較的混合性，它們內部到底聯絡不聯絡，自己矛盾不矛盾，這一個問題，請你們暫緩一下，我不久就要詳說這一點了。現在所要說明白的，就是柔性的和剛性的兩種人，照我所寫下的特性，在世界上都是存在的。大約你們各人心裡，或者知道幾個最顯明的例子，而且知道這兩種人彼此是怎樣彼此看待的。他們自然是互相仇視了。他們個人的氣質強烈時，這種仇視就成了時代哲學空氣的一部分。在今日仍是哲學空氣的一部分。剛性的人，覺得柔性的人是感情家、呆子。柔性的人，覺得剛性的人不溫良、無情理。他們相互的反動，就很像波士頓的旅行家走到克里普爾河的居民中間，彼此都說別人比自己低一等。不過在這種輕蔑裡，一方面帶些娛弄，另一方面卻隱含著些恐怖。

在哲學上，我們尋常人很少有那樣單純的波士頓人，也很少有那樣特別的洛磯山莽漢，我以前已經說過了。多數人喜歡在界線兩面，取得些好的事物。事實自然是好的——多給我們些事實。原理也是好的——多給我們些原理。從一種方法看去，世界一定是「一」；從另一種方法看去，世界一定是「多」。所以讓我們採取一種多元的一元論。各種事情，說起來都是有命定的，然而我們的意志卻是自由的：一種意志自由說的命定論，才是眞哲學。

部分的惡，是無可否認的了，但是全體不能都惡：所以實際上的悲觀主義，盡可以聯合著玄學上的樂觀主義。其他依此類推——平常哲學上的外行人（layman），總不是極端派，總不能組成他的哲學系統，但隨著一時的引誘，模模糊糊地相信這種說法，或是那種說法。

但是我們裡面也有幾個人，在哲學上不全是外行。我們可以稱爲非職業的角技者。我們看見自己信念裡有太多不一貫、不確定的地方，也有覺得很煩惱的地方。若是我們從界線的兩面，留著夾雜的矛盾物，那最後我們智慧的良心是很不安寧的。

現在要講到我所要說的第一個要點了。世界上從來沒有這許多傾向經驗主義的人，像今日這樣，我們的小孩子，一生下來就像有個科學傾向似的。但是這個貴重事實的心，卻沒有打消我們的宗教心。其實它自己就差不多是一種宗教，而我們科學的氣質是虔誠的。今且假定有一個這樣的人，假定他是個非專門的哲學者，並且不願意像外行人一樣採取那雜亂的系統，那麼最後他覺得自己的地位是如何呢？他要事實，他要科學，但他也要一個宗教。他自己既不是專家，就不能做一個獨立的創造者，只好去找那老練的人和專門學者，求他們指導。在座諸君中，大多數或者就是這種的哲學者。

哪幾種的哲學，是你們覺得恰合自己的需要呢?你所找到的，若是一個經驗主義的哲學，它的宗教性是不夠的；若是一個宗教的哲學，它的經驗方面卻又不足；你若去尋那最重事實的地方，便會找到那全部剛性的主張和那科學與宗教之劇烈的牴觸。若不是一個剛性者像海克爾（Haeckel）同他的唯物一元論，他的以脫神（ether-god），他說的上帝是個「氣體的脊椎動物」的笑話；就連斯賓塞都把世界的歷史看作物質和運動的再行分配，恭恭敬敬地把宗教請到門外——彷彿說宗教可以繼續存在，但是它永遠不得在廟裡出頭了。

一百五十年來，科學的進步似乎把物質的宇宙擴大，把人的重要縮小了，結果是自然主義或實證主義的感想之發達。人不是自然界的立法者，乃是它的吸收者。自然界是固定不動的，人要去遷就它。讓它去記載眞理——雖然是非人性的——還是要服從那眞理!理想的自動和勇氣都沒有了，景象是唯物的和抑鬱的。各種理想都看作是生理上惰性的副產品，高的拿低的來解釋，「不過」是怎樣——不過是一種低下的東西罷了。總之，你得到一個物質的宇宙，在它裡面，只有剛性的人覺得自在。

若使你回到宗教的一方面去尋求安慰，問柔性的哲學家去找個計劃，你會得到什麼呢？

宗教的哲學，在我們使用英語的人中間，現在分成兩大派。一派是激進些、侵略些的，還有一派似緩緩敗退的。激進一派的宗教哲學，我舉例，英國黑格爾派（Anglo-Hegelian School）的「超絕的唯心論」（transcendental idealism）。格林（Green）、凱爾德兄弟（Cairds）、鮑桑葵（Bosanquet）、羅伊斯（Royce）的哲學，都屬於這一派。基督教的宣教士中，比較好學的人，大多受這派哲學的影響。這派哲學是普神論的，基督教因襲的有神論在這自然很受挫折。

然而那有神論依舊存在，它是獨斷繁瑣哲學的有神論之嫡嗣，儘管一步一步地退下來，卻沒有廢掉。那繁瑣哲學的有神論，至今在天主教的神學院裡，還是嚴格地被傳授。這派傳下來的有神論，我們常叫它蘇格蘭派的哲學。我所說的緩緩敗退的一派哲學，就是它。

你看一方面有進取的黑格爾派和其他「絕對」（absolute）之哲學家，一方面又有科學的進化論者（scientific evolutionists）和不可思議論[2]者（agnostics），那麼我們有神論的哲學家，如馬提諾（Martineau）、波溫教授（Bowne）、萊德教授（Ladd）等，從他們兩面逼進，一定相當辛苦了。雖然是很公平坦白的，這種哲學卻沒有激進的性質。它是折衷的、調和的，它要找一個暫時的辦法。它承認達爾文（Darwin）學說上的事實，就是那腦系生理的事實，但是它對於這些事實卻沒有積極的發揮。它缺少那侵略性的特色，所以這結果也就缺少一種威望，不像那絕對論（absolutism）因爲有激進的論調，威望也不同了。

你若是要跟從那柔性的學派，你須得從這兩種裡選一種。倘使你是喜歡事實的（如我所假定的），你就會覺得界線這一面的各事各物，都留著唯理主義和唯智主義的痕跡。那唯物論和流行的經驗主義，你果然是逃避了。不過這一逃也必須付一個代價，就是把你和生活上具體部分的接觸失去了；絕對論的哲學家，住在那高不可攀的抽象境界，始終不肯下來俯就事實。他們所說那絕對的心——就是想著宇宙就能構成宇宙的心——能構成其他億萬宇宙中任何一個，也像它構成這個一般。從這絕對心的觀念裡，你演繹不出什麼實際的一件事物來。它和這世上不論什麼眞的事物都是相符合的。有神論的上帝，也是同這種觀念差不多貧瘠的一個原素。你要知道上帝的性質，你就必須到祂所創造的世界裡去；「那」上帝就會永遠造成那樣的世界。所以有神論的上帝和「絕對」同是純粹地存在於抽象的高處。絕對論還有些振奮的精神，顯得平常的有神論更加無味了。至於高遠空虛，兩派是相同的。你所要的，是一種哲學，不但用得著你的智慧的抽象能力，也要和這人生上實際世界有些積極的關係。

一個哲學系統要含有兩種東西：第一種是對於事實的忠心和留意事實的意願，換句話說，就是適應和調和的精神；第二種是對於人生價值同它自動性的舊信仰，不論這個信仰是宗教的，或是理想的。這就是你的兩難。你求得的結果卻分作兩橛，截然不合。你所找著的經驗論，都帶著非人性主義和非宗教主義；唯理派哲學，可以說具有宗教性，然而對於具體的事實和快樂悲苦，又含一些沒有確定的接觸。

我不知道你們中間有多少人和哲學有密切的生活，能完全領會我最後的一個責備，所以我要再費些時間講那一切唯理論的不實在。那種不實在，凡有篤信事實的人都不喜歡。

一、二年前，有個學生給我一篇論文，他起頭二、三頁我當時應該要好好保存的。他同我所說的這一點是一個很明白的譬喻，可惜現在不能讀給你們聽。這位少年是西方大學的畢業生，他那論文起頭時談到，他常假定一件事，就是當你走進哲學教室的時候，就應該和另外一個宇宙發生關係，這個宇宙和你在街上時所接觸到的宇宙是完全不同的。他說這兩個宇宙間幾乎沒有任何關係，你不能同時用心在兩個它裡面。那具體個人經驗的世界就是街市所屬的世界，是夢想不到的繁雜、糾紛、汙濁、痛苦、煩擾。那哲學教授介紹給你的世界，是單純、潔淨、高尚。這世界裡沒有實際生活上的矛盾，它的建築是古式的，理性的原則構成它的輪廓；論理的必然黏合它的部分，它所表示的，是清潔和莊嚴。它是一個雲母石的殿宇，在山上燦爛地照耀著。

事實上，這種哲學不算實際世界的一個說明，只好算實際世界中另外建設的一個附加物。單是事實所表現的那雜亂粗暴的性質，唯理主義家的想像不能容受，所以藉這個古雅的聖殿做個躲避的地方。它並不是具體世界的一個「解釋」，它完全是另外一件東西，是一個替代物、一個救濟法、一個逃避的方法。

它的氣質——倘使我在這裡可用這個名詞——完全和具體存在的氣質不合的。唯智派哲學的特色就是精雅（refinement）。這種哲學能滿足一種欲望，就是要得著一個精雅的東西當作默想的對象。但是我鄭重地請求你們，去放眼看一看這具體事實的世界，看它恐怖的紛亂、它的驚奇和暴虐，和它所表現的粗野，然後再來告訴我，到底「精雅」兩個字是否爲你們嘴裡不得不說出來的一個形容詞。

精雅在事物裡面有它的地位果然是不錯的。但是一種哲學，除了精雅以外說不出什麼來，那是永不能使經驗派的心滿足，它好似一個矯揉造作的紀念碑。所以我們看見科學家情願離開了玄學，當它是一種禁閉的幽靈的東西；務實家灑脫了哲學的塵埃，而回應它自然界的呼喚。

一種純潔而不實在的哲學能使唯理派的心滿足，這滿足說實在地也是有些可怕。萊布尼茲（Leibniz）是一個唯理主義者，他對於事實的興趣比起許多唯理派的人已算多些了。然而你們倘若要看膚淺的化身，只要去讀一讀他那文辭優美的《神善論》（*Théodicée*），在這書裡，他想辨明上帝待人的正義，並且證實我們所住的世界是各種可能的世界裡最好的。讓我引他一段做個例子。

在他那樂觀哲學的障礙裡，永墮地獄的人數是他要說明的一端。神學家說，在人類裡，宣告永入地獄的人數遠多於得被救贖的人數，萊布尼茲假定了這個前提，往下辯道：

> 拿惡和善比，惡就像沒有了一樣，假若是我們想到天國的實在巨大。區立俄（Coelius Secundus Curio）著了一本小書，叫做*De Amplitudine Regni Coelestis*[3]，不多幾時前複印的。但他也未能測想到諸天的廣大。上帝的功業，古人所知是很有限的……。他們看起來，單是地球上有人，就是指地球反面也有人的觀念，他們是無法了解的。地球以外的世界，他們想，不過是幾個有亮光的結晶球體。但是今日呢？無論我們對於宇宙的限制，怎樣想像，

我們都必須承認在這宇宙裡，有無量的球體，同這地球一般大，或更大些，它們和地球都一樣有權乘載著有理性的居住者，這居住者自然不一定是人類。我們的大地原不過太陽的六大衛星之一。凡恆星都是太陽，地球不過是許多太陽裡的一個衛星，你想，在有形的物體中，地球所占的地位有多小呢？這好多太陽，也許上面都住著極樂的生物；永墮地獄的人，我們不必然要相信是很多，因爲善從惡裡面抽出的利益，只須幾個例證也夠了。還有一層，我們不能假設各處都有星球，那麼星界以外的地方不是一個無限的空間嗎？這環繞星界的無限空間……也許裡面充滿了快樂和光榮……我們的地球和它的居民，這樣說起來，算什麼呢？地球比起恆星的距離來，本來只有一小點，這樣一想，豈不是比一個質點還小了許多嗎？所以拿我們所知道的宇宙的一部分，和我們不知道而不能不承認的一部分相比，這已知的一部分簡直縮小變成烏有。我們所知道的惡，都在這差不多烏有的裡面。若是拿惡和宇宙間所有的善比較，這惡也差不多沒有了。

萊布尼茲在別處又說：

有一種懲罰的正義，它的目的不在矯正罪犯，不在儆戒別人，也不在賠償損害。這正義根源於完全的適宜。完全的適宜，要惡行爲的補償。索西奴斯（Socinians）的信徒和霍布斯（Hobbes）反對這個懲罰的正義，其實這正義是正當的報復，並且是上帝自己留著的。……這正義常根源於事物的適宜，不但使被損害的人快意，也叫聰明的旁觀人滿足，好而美的音樂或一棟好的建築物教性情正當的人喜歡。所以墮地獄者的受苦，雖不能禁止人墮入罪惡，或是停止繼續下去；享天福者的受賞，雖不能教行善的人格外堅定，卻願意繼續下去。墮入地獄的人，因爲接續的罪惡而遭到新的刑罰；受福的人，因爲不停地向善進行，而加了新的愉快。兩項事實都根源於適宜的原則……因爲上帝使得萬事萬物完全的適捨，我已經說過了。

萊布尼茲沒有握著實在這是很顯明的，不用我來批評了。他的心裡從來沒有一個永墮地獄靈魂的實在影像。他也沒有想到「墮落的靈魂」的舉例，數目愈小，受天福的人之光榮愈大。他只給我們一篇冷的文章，這裡面的愉快材料就是地獄的火，也不能使它溫暖。

不要說，若是我要指出唯理主義哲學思想的膚淺，一定要回溯那膚淺頭腦的時代。就是今日唯理主義的樂觀，照喜歡事實的人看來，也是一般膚淺。實際世界是一個公開的東西，唯理主義定要做出系統來，系統總是閉關的。實際生活中的人，看著「全善」是一件很遠的事情，現在還在經營中。唯理主義不過是有限的和比較的事物之一種錯覺：事物絕對的根本，是究竟滿足的一個全善。

對於現代宗教哲學這樣空氣般淺薄的樂觀主義所起的反抗，我找了一個很好的例子，是一個勇敢的無政府派作家斯威夫特（Morrison I. Swift）的著作。斯威夫特的無政府主義比我的稍極端些，但是我對於他不滿意今日一般的唯心派樂觀，很表同情，我知道諸君中對於這個，也有人很表同情的。他的小冊子叫《人類的屈服》（*Human Submission*），起頭是幾段報紙裡的城市新聞（自殺、餓斃等），作爲我們文明世界的標本。例如：

在雪地裡從市的這頭走到那頭，存著一個找到些許雇工事務的空希望，他的妻子和六個兒女都沒有糧食，因爲沒付房租，在那東邊一所住屋裡的家宅也被人逼著拋離了。這位書記生約翰・科克蘭今天喝了石炭酸絕命了。科克蘭因爲患病，在三個禮拜前失去了他的職業，病中把一些很小的積蓄都用光了。昨天和一隊掃雪的人一同做工，但他還是軟弱沒氣力，試了一個鐘頭，再也做不動了。隨後又四處找事情做。他完全絕望了，昨天晚上跑到家裡一看，妻子和兒女絕糧了，門上貼著家宅逐出的告示了。次日早上，他就服毒死了。

斯威夫特接下去說：「這類的記載我這裡很多，要充滿一部百科全書也容易。上面我舉幾個例來做宇宙的解釋。英國雜誌裡一個作者說：『我們覺得上帝在他的世界裡存在。』羅伊斯教授在《世界與個人》（*The World and the Individual*）裡也說：『暫時世界組織的惡，正是世界組織全善的條件。』布拉德雷（Bradley）在《現象與實在》（*Appearance and Reality*）裡也說：『那絕對體因爲包含各種差異和齟齬，而更加美富。』他的意思說，這些顚連無告抱恨而死的人，使宇宙更豐富了，這就是哲學！可惜羅伊斯和布拉德雷兩教授，同那些純正思想家，方在那裡發明『實在』和『絕對』，解釋罪惡和痛苦的時候，對於宇宙是什麼，最有發展意識的人，他們的情形卻正如此。這些人所經歷的才是『實在』，才能給我們宇宙的一面觀。這些最配得上有經驗者之個人經驗，才告訴我們宇宙是什麼。單是拿這些人的經驗來思想，與他們直接的本身感受經驗比較起來，這思想又算什麼？所以哲學家總是在暗處摸索，那生活和感情的人才知道眞理。現在人類的心理——不是哲學家和資產階級的心理，便是大眾裡默默思想和有感情的人的心理——漸趨向這個見解。他們現在審判這宇宙，像從前讓宗教和學問的祭師審判他們一樣。……」

這個克里夫蘭的工人，殺了他自己和兒女，〔另外一個例〕是現代世界和這宇宙裡重大的事實之一。這個事實不是什麼上帝、愛、實在——這些存在於永遠的眞空裡的事物——的敘述就易掩飾或縮小。這個事實是世界的生活裡一個簡單而不可劃分的原素之一，雖然經過了幾十萬年的機會，二千年的基督教還是如此。它在思想界上，就同原子或分原子在物質界上，一般是主要而不可滅的。它顯出那不拿這樣事實當作有意識的、經驗的、要素的哲學，都是騙人的。這樣的事實確實證明宗教的虛無。再拿二十世紀或再加二十世紀給宗教做試驗，耗費人類的時間，也不能了。宗教的時期已滿，它的試驗已用完，它自己的成績完結了它。人類再也沒有許多的世紀，許多的「永遠」，可以耗費在試驗沒信用的制度上。（斯威夫特，《人類的屈服》，第四至十頁。）

這是經驗主義家對於唯理主義家所開的菜單的反抗。這簡直是一個決絕的「不要，謝謝你」。斯威夫特君說得好：「宗教是一個夢中行路者，那實際的事物對於他是空白的。」今日鄭重研究哲學的人，找哲學教授，求個方法，來滿足他天性上的需求，雖不一定有這麼強烈的感情，他的判決都是這樣。經驗主義者給他一個唯物論，唯理主義家給他一種有宗教性的東西，可是對於這種宗教，「實際的事物是空白的」。所以他做了我們哲學家唯一的裁判者。柔性或剛性，他覺得我們都是不完全的。他的判決我們不好輕視。因爲到底他的心理是代表一個完全的心理，他那心理上需求的總數最大，他的批評和不滿意終究是最重要的。

到了這點，我自己的解決方法要提出來了。我貢獻這個名稱很別致的「實用主義」作爲可以適應兩種要求的哲學。它像唯理主義，能含有宗教性，同時又像經驗主義，能保持對於事實的十分親近。我盼望諸君對於這個主義有和我對它一般的好意。現在我的時間快用完了，不能把它完全介紹給你們，只好等下一回再講。此刻我還是回到上面所述的，再略爲申說。

諸君中若是有專門的哲學家──我知道是有幾個──一定覺得我這番演講是很粗淺的。這粗淺到了一個不可恕、不可信的限度。柔性和剛性，多麼野蠻的一個分類！大概哲學是一層層結合著種種聰明、微妙、細謹；在它的界限裡，有著各種的聯絡、變遷，現在單提出一個氣質上的衝突，來代表他牴觸的全域，又是怎樣粗魯的一幅諷刺畫！最高的事物用最低的語式說出來，怎樣無理的一個貶抑！怎樣孩子氣的一個表面觀察！把唯理家學說的抽象性當作罪惡，只因爲它們是逃避的聖地，不是事實世界的延長，就謗毀它們，這是怎樣的呆笨！我們的理想，不全是救濟的法子和逃避的地方嗎？再說，哲學要含宗教性，不在實在的表面粗魯以外，另爲一個逃避的地方，否則能做什麼？若要我們超出動物的感覺，在那智慧所推度的原理之大組織裡，給我們指出另一個更尊貴的家鄉；哲學不做這個，還能做什麼更好的事？原理和概觀不是抽象的外形又是什麼？柯龍大禮拜堂是沒有建築家紙上的圖樣就造成的嗎？「精雅」的自身是一件可嫌惡的東西嗎？只有具體的粗魯才是唯一的眞實嗎？

我充分感受到這抗議的全力。我所給的圖畫實在太簡單魯莽。但它也像各種的抽象，有它的用處。倘使哲學家能用抽象法去論宇宙的生活，他們對於哲學生活的抽象論一定不怨的。事實上，我所給的圖畫雖然粗魯簡略，卻是字字眞實。氣質和它的要求與拒絕，實在決定了——常要決定——人在哲學上的主張。學說的細目可以片段想出來：學者研求一種學說的時候，常爲著一株樹，忘了全部的森林。可是等到功夫完成了，他的思想沒有不做大的、綜括的動作，這時學說就立起來像個活物，帶一種奇異而簡單的個性，常在我們記憶裡往來，好像我們的朋友或仇敵死了，他的幽靈便常在我們記憶裡出現。

惠特曼（Walt Whitman）的詩說：「誰捫著這本書的，就捫著一個人。」凡大哲學者著的書，看來都像許多人。我們對於各人主要的個人意味之感覺，就是我們自己所得哲學教育的最佳結果。此種學說假裝爲上帝大宇宙的一幅全圖。它實在是一個非常古怪的個人意味之宣示。一經概括到這些名詞上（我們因爲學問，得了一種評判的思想，自然免不了概括各種哲學到這些名詞裡來），我們和學說的交際，便回到那非正式的本能的人性愛憎的反應。我們取捨的獨斷，和我們施恩惠於人一樣；我們判決辭彙的簡單，也和譽人毀人的一般。我們憑著自己怎樣感覺，不問給我們的哲學如何意味，以衡量宇宙的總性，那麼一句話就夠了。

我們說，既然上帝創造人在活潑的天性裡，爲什麼捨了活潑的天性，去講那雲氣般的製造物，那木頭般硬縛的東西、那矯揉造作的人爲、那腐朽的講堂產物，那病人的夢！不要它！一概不要它！

給我們對於一個哲學家的綜合印象，是我們在那哲學家的學說條目上所用的工夫；但是我們精神的反應就從這綜合印象開始。在哲學上的精鍊，是拿我們綜合反應的明確和對付複雜對象之直接知覺的形容詞來測量的。可是這個形容詞不一定要有多大的精練。自己能明確的、將哲學說得清楚的人很少，但每人都有一種特殊的宇宙總性的感覺，自己所知的學說，與這宇宙總性不能完全吻合的感覺。那些學說都不能恰合他的宇宙。一種學說嫌太纖巧，另一種又太迂腐，第三種更像好多投標的意見，第四種太不健全，第五種太做作，說來沒有一種對的。無論怎樣，我們立刻知道這些哲學是不適合的，不應當假託宇宙的名義來說話。柏拉圖、洛克、斯賓諾莎（Spinoza）、彌爾（Mill）、凱爾德、黑格爾——我小心地不舉例更近的名氏——這些人名，諸君聽了，無非提醒了許多奇怪的個人短處。若說這些研究宇宙的方法是眞的，那是顯然的荒謬了。

我們哲學家對於你們這樣的感情是不能不問的，因爲終究審判我們一切哲學的，就是這些感情。而最後勝利的一種觀察事物的方法，必定是人思想中以爲最可動人的方法。

還有一句話——就是哲學必然是抽象的外形。譬如建築房子，有立方的模型、有紙上的圖樣。這些模型圖樣就是依照它，用泥土木石建造起來，也還是個空廓的外形，但它已指示出結果罷了。一個圖樣，在自身是很小的，但是它所表示的東西，不必定是小的。如今唯理主義的哲學所表示的，卻是非常的小，所以引起經驗主義家的排斥。斯賓塞就是最好的一個例。唯理主義家覺得他不滿足的地方，羅列起來，怪可怕的。他乾燥乏味如塾師般的氣質，沒有變化，喜歡在辯論裡用淺薄的權宜之計，在機械原理中的缺少教育，基本觀念的模糊不明，全學說的呆滯——然而半個英國還想將他葬在威斯敏斯特禮拜堂裡。

爲什麼呢？爲什麼在唯理主義家的眼裡，他有這麼多弱點，卻還能喚起那樣的敬崇呢？爲什麼許多有教育的人，覺得他的弱點——你和我或者也是這樣——情願看他葬在那大禮拜堂呢？

單就我們覺得他的心，在哲學上，在正當的地方，他的理論也許全是皮和骨；但是他的書，卻照他特殊世界的樣子而範鑄出來。事實的呼聲篇篇都聽得出來；他注重事實，向著事實的一方去用功，那就夠了。那就是經驗主義家思想裡以為正當的東西。

我希望下次講的實用主義哲學，對於事實保持一種和好的關係，對於宗教的建設，不像斯賓塞的排斥，而是好好地待遇它。

我盼望能引導諸君找到所要的一種調和思想的方法。

◆注釋◆

【1】今譯為《異教徒》。——編校者

【2】不可思議論，即不可知論。——編校者

【3】今譯為《論天國的廣闊》。——編校者

第二篇　實用主義的意義

幾年前，我和一個暮宿隊住在山中的時候，獨自一個人漫步回來，看見大家正從事激烈的玄學爭論。這爭論的題目是一只松鼠——一只活松鼠，假設攀著一株樹幹的一面；而樹幹的反面，站著一個人。這人很快地繞著樹走，要去瞧那松鼠。但是不論他跑多快，那松鼠也在反面快速地跑，它和那人總隔著一株樹，永遠不給他瞧見。現在的玄學問題是，**這人是否繞著松鼠走**？他繞著樹走是對的，松鼠是在樹上，但是他有沒有繞著松鼠走？荒野裡的悠閒時間是沒有限制的，這辯論也已經夠了。每人占了一面，意見都很固執，兩面人數又相等。所以當我到了，他們大家都向我控訴，要我加入成爲多數。記得有句古語說，無論什麼時候，你遇著一個矛盾的爭辯，你須得尋出一個區別。我立刻想一想，就找到了一個。我說：「哪一方面對，哪一方面不對，全看你那『繞著走』的**實際上意義**怎麼樣。要是你的意義是從松鼠的北面到東面，再到南面，再到西面，然後再到它的北面，那麼這個人確實是繞著它走的，因爲他確曾站過這些相續的方位。反過來，若是你的意思，是先在松鼠的前面，再到它的右邊，再到它的後面，然後到它的左邊，回到前面，那麼這個人沒有繞著松鼠走，因爲松鼠的相對動作，使它常常拿肚子向著這人，拿背向著外面。定了這個區別，再沒有什麼可以爭辯的了。你們都對也都錯，照你們那『繞著走』的實際意義是這樣或那樣。」

雖然有一、二個劇烈的辯者說我這番話是游移的遁辭，他們不要詭辯或繁瑣哲學的分析，但多數人都認爲我這樣區別，確實滅殺了這辯論。

我講這段很小的故事，是因爲這是我所要說的**實用主義的方法**中最簡單的一個例子。實用主義本來是一個解決玄學上爭論的方法，沒有那方法，這些爭論可以永遠無法終結。世界是一還是多？是定命的還是自由的？是物質的還是精神的？這些觀念中，每個都可以適合或不適合這世界，爭論起來可以永遠沒有終點。實用主義的方法，是去探索每個實際上的效果，拿來解釋每個觀念。若這個觀念——非那個觀念——是眞的，在實際上於人有什麼差別？若探索不到什麼實際上的差別，那麼兩個相對的東西，實際上只是一物，所有爭論都是廢話。當一個爭論劇烈時，我們不應當單說這方面或那方面是對的，我們總應當能指示出這方面或那方面對以後實際上的差別。

我們試看這觀念發生的歷史，實用主義的意義便更明白了。這名詞（pragmatism）起源於希臘字*πράγμα*。*πράγμα*是動作的意思，英文的practice（實行）、practical（實行的）都從這字來的。一八七八年，皮爾士（Charles Peirce）開始把這名詞引用到哲學裡來。在那年一月的《通俗科學月刊》（*Popular Science Monthly*）裡，他發表一篇論文，題目是《怎樣使我們的觀念明白》（*How to Make Our Ideas Clear*）。一八七九年一月法國出的哲學雜誌 *Revue Philosophique*[1]第七卷載這論文的譯本。他說，我們的信念實在是動作的規則。要顯出一個思想的意義，我們只要決定這思想適合發生什麼行爲：那行爲便是這個思想唯一的意義。我們的思想差別無論怎麼精細，其中最妙的一件事就是可能的實際差別。我們思想一物時，若要得到完全的明瞭，只需想一想這物體含有哪些實際上的效果——我們從它盼望得到哪樣的感覺，我們就得預備哪樣的反動。我們所有這些近的或遠的效果的概念——若是那概念有積極的意義——就是我們對於那物體概念的全部。

這是皮爾士的原則，也就是實用主義的原則。這個原則發表了二十年卻沒有人注意，一直等到我在加利福尼亞大學霍伊森（Howison）教授的哲學同志會裡演說，把它提出來，應用到宗教上去。從那日起（一八九八），容受這主義的時機成熟了。這「實用主義」的名詞從此傳播到現在各種雜誌裡面，現已司空見慣了。「實用主義的運動」我們也聽過大家說起，有人帶著尊重的意思，也有人帶著譏慢的意思，卻很少人能明白了解的。有幾個趨勢，在此之前沒有一個總名，因這名詞很容易適用，所以也就流行了。

要知道皮爾士原則的重要，我們必須拿它來應用到具體的事例上去。數年前，奧斯特瓦爾德（Ostwald）德國化學者在他科學的哲學演講裡面，曾完全應用這實用主義的原則，雖然他並沒有用這個名詞。

他寫信給我說：「凡實在都影響我們的行動，那影響就是實在的意義。我常在班裡問學生：在相對的二物中，倘若這樣或那樣是眞的，那麼世界應有怎樣的差別？若找不到什麼差別，那麼這個相對便沒有意義。」

那就是說，兩個對抗的意見在實際意義上僅是一樣；除了實際的意義，更沒有別的。奧斯特瓦爾德在他印出的一篇演講稿裡舉了一個例。化學上有幾種質體，叫做同分異性的（tautomerous）[2]，那內部的組織如何，是化學久經聚訟的一個問題。那質體的屬性，似乎和兩個假設都相符合：一說，一個不定的氫氣原子在它們裡面擺動；又一說，它們是兩個質體不定的混合物。兩派爭論，從來沒有解決。奧斯特瓦爾德說：「兩派爭論家，若先問一問，這一個或那一個見解都算是正確了，在什麼實驗的事實上發生差別，這爭論便不會開始。因爲若這樣一問，便見到沒有什麼事實之異點；那個爭論便不實在，好像古代人看見了用酵發麵，推論那現象的眞因，一派說是妖精，一派說是鬼魅一般了。」見所著*Theorie und Praxis*[3]在*Zeitsch. des Oesterreichischen Ingenieur u. Architecten Vereines*[4], 1905, Nr 4 u. 6。

我看見還有比奧斯特瓦爾德更徹底的實效主義，在弗蘭克林教授（W・S・Franklin）的演說中，他說：「關於物理學的觀念，使學生得到了，仍是最有病的是：『質量分子和以太的科學』；使學生得不到，那最健全的觀念是：『物理學是一種科學，說明取得物體和推動它的是各種方法。』」——見*Science*[5], Jan. 2, 1903。

看起來很可駭的、多哲學的辯論，一旦用了這搜索具體效果的簡單試驗，就立刻崩潰，成爲無足輕重的東西了。沒有地方發現差別，就是沒有地方可以有差別。抽象眞理中的差別，沒有不從具體事實中的差別表示出來的，沒有不從那事實所因緣的一人一事一地一時所發生的行爲表示出來。哲學的全部功用應該是找出倘使這個或那個世界的公式是眞的，在我和你生活的確定的時間上，發生什麼確定的差別。

實用主義的方法，絕對不是件新東西，蘇格拉底（Socrates）是用這個方法的老手。亞里斯多德（Aristotle）是有規則地運用這個方法。洛克、貝克萊（Berkeley）、休姆（Hume）靠著這個方法，有大貢獻於眞理。霍奇森（Shadworth Hodgson）常堅執「實在」不過是他的「所知道是怎樣」。但是這些實效主義的先驅，只是片段地運用這主義做一個發端。到了我們的時候，這主義才變成普通，才自覺一個普遍的使命，要求一個戰勝的終局。我是信仰那終局的，希望這講演結束後，能把這信念感悟諸君。

實用主義，代表哲學上一種完全常見的態度，也就是經驗主義家的態度。但是我看起來，它所代表的那經驗派的態度，比以前的樣子更其極端，並且更少有可以非議的地方。實用主義家堅決捨棄專門哲學家所愛的許多舊習慣。他所捨棄的是抽象與不充足、字面的解決、不好的先天（a priori）理性、固定的原則、關閉的系統、假的絕對和起源。他朝著走的，是具體與滿足，事實、行爲和能力。那便是經驗派的氣質流行；唯理派的氣質著實丟了，僅是開放的空氣和天然的可能，而不是那獨斷、人爲和假冒的最後眞理。

同時實用主義不代表什麼特別的結果。它不過是一種方法。但是那方法要獲得全勝，就要全面改換我上回演講裡所說的哲學的「氣質」。

極端唯理派的人，一定要不見容於哲學界，好像那侍從派的政僚不見容於民治國家，教皇派的祭師不見容於新教一樣。於是科學與玄學更相接近，竟要完全地攜手並進了。

玄學所尋求的，常是一種很老式、很簡陋的東西。我們都知道人喜歡不正當的魔術，在魔術裡「名詞」占何等大的部分。你若懂得一個妖怪或魔鬼的名詞，或那鎭伏他的咒語，你就有權力管轄他。所羅門知道凡百鬼妖的名字，所以能教他們服從他的意旨。樸素的頭腦，看著宇宙似的一個謎，要解答它，除非找個有光彩、有權力的字或名詞來作爲鑰匙。這個字舉出宇宙原理的名來，有了這字，就像連宇宙本身也有了。「上帝」、「物質」、「理性」、「絕對」、「力」都是這類解答的字。你得了它們，便算完事。你對玄學的尋求也到達終止了。

你若跟從那實用主義的方法，便不能把這些名詞看作尋求的終點。你必須把每個名詞實際上的完全價值兌換出來，把它放在你的經驗裡去運用。這名詞並不是個解決方法，乃是進一步工作的一個計劃，是現實怎樣可以改換方法的一個指示。

這樣說來，**理論是一種工具，不是謎語的答案，並非我們得之便可罷休的**。我們不退後，我們向前行動，有時候藉著它們的幫助去改造自然界。各種理論有了這實用主義，好像變得柔和起來，可以各自活動。它並不是一件新東西，所以和許多古代的哲學趨向相互調和。譬如它常注重各個事項，與唯名論（nominalism）相同；它最重視實用上的狀況，和功利論（utilitarianism）相符合；至於它鄙棄字面的解決、無用的問題、玄學的抽象區別，與實證論（positivism）又更爲契合。

你看這些學說，都是同一個「反對唯智主義」的趨向。實用一個走廊的主義反對唯理主義的要求和方法，更是完全武裝，攻擊不留餘地。但是最初實用主義並不表示什麼特別的結果。它並沒有武斷的主張，除了它所用的方法以外，也沒有什麼信條。義大利少年實用主義者巴比尼（Papini）說得很好，實用主義在我們眾多理論中間，就如一個旅館裡的一條大走廊。從這走廊的兩邊開出無數的房間。在第一間裡，你看見一個人著無神論的書；在另一間裡，一個人屈著膝虔敬地祈禱；在第三間裡，一個化學者仔細考查一種物質的屬性；在第四間裡，有人在那裡思索唯心論的玄學；在第五間裡，又有人研究玄學的不可能。那條走廊是他們大家公有的，他們如果要找一個走進或走出各人房間的實踐方法，這條走廊是必經之路。

所以實用主義的方法，起初不包含什麼特別的結果，不過是一個指定方向的態度。**這個態度，不向著那最先的事物原則、範疇、假設的必然；而是向著那最後的事物、結果、成效、事實。**

實用主義的方法如此！你們要說，我單單頌揚它，卻沒有解釋它。其實我一會兒就要給你很多的解釋，說明它如何可以應用到幾個常講的問題上去。現在且說實用主義這個名詞，已漸用到一個較廣意義的理論上去，當它是一種眞理論（theory of truth）。我將來要有一篇演講，專門將這眞理論說個明白，現在盡可能簡短提及。但是要簡短也不是件容易的事，所以請你們在之後一刻鐘裡面要格外注意。倘若我說得有些模糊，我希望以後各演講中能再說得更加明白。

現代哲學研究得最有成效的一部分就是歸納論理學（inductive logic），就是我們科學從發展的種種條件所形成的學問。歸納論理學的著述家，對於數理、物理、化學諸學者所制定的自然公律和他們所蒐集的各種事實，究竟有怎樣的意義，已漸趨於一致的論調。當數理上、論理上、自然科學上各種公律初被發現時，人們看見它們那樣地明白、優美和簡單，風靡一時的信從，以爲確實把上帝的究竟思想都闡明了。上帝的心也在三段論式（syllogisms）裡反應。他也在圓錐截面和方根比率中思想。他創造出開普勒定律（Kepler's laws）賦予行星運行的規律；使墜落體速率的增加和時間成比例；做出正弦定律來讓折光遵守好規矩；他把動植物分爲綱、目、科、屬，且決定了它們彼此的相差。他想出各種事物的模型，並且謀劃它們的變化。我們只要能發現他那神奇製作，無論哪一種，都能捉摸著他的心思了。

但是等到科學變得更發達了，人們逐漸覺得那些公律的大部分——或竟全部分——也不過是個近似的東西。況且那些科學的律例愈出愈多，同一門中，還有相反對的許多說詞。研究的人漸漸知道，沒有一種理論是絕對實在（reality）的摹本，不過從幾種觀察點來看，不論哪一個學理都是有用的。它們最大用處是概括舊事實，並引導到新事實。它們是人造的語言，還是——可以說——我們記載自然界的一種概念速記法。語言這樣東西，大家都知道，是可以容受許多語法和許多方言的。

在科學的論理裡，有了人類的判斷，便沒有了神聖的必然。我若提起這些人，像西格瓦特（Sigwart）、馬赫（Mach）、奧斯特瓦爾德、皮爾遜（Pearson）、米約（Milhaud）、彭加勒（Poincaré）、杜桓（Duhem）、海曼斯（Heymans）等，你們之間身爲學生的人就很容易懂我們所說的一個趨勢，並且能舉出別的名字出來。

在這科學的論理潮流前，有席勒（Schiller）、杜威（Dewey）兩者拿著他們實用主義的眞理論做先驅。這些講師四處演講，我們觀念和信仰裡的眞理與科學裡的眞理爲同一意義。這意義就是**一個觀念（它們自身是我們經驗的一部分），只要它能幫助我們和我們經驗的其他部分得到圓滿的關係**，靠著概念的捷徑，不跟著各個現象無限的接續，而去概括它們，運用它們。無論哪個觀察，只要它能安安穩穩把我們從一部分的經驗牽引到另一部分，把事物聯絡得滿意，應用得妥貼、簡單、省力，這觀念能這樣做到什麼地步便能眞正做到這個地步。這是杜威在芝加哥所提倡的眞理工具觀，亦是席勒在牛津大學所傳播的理論，述說我們觀念的眞實，就是它的工作能力。

杜威、席勒和他們一派學者，之所以得到這個眞理的概念，也不過依循了地質學者、生物學者和語言學者的先例。那些科學的成立，第一步總是揀出一個簡單的事變，它的作用可以實地觀察的——像土地受氣候的剝蝕，或者生物從它母型而改變，或者一個方言吸收了新字新音而變化——然後從此推廣出去，使它適用於各種時候，並且總括它經歷各時代的效驗而發生重大的結果。

席勒與杜威所揀出而供他們概括作用（generalization）的方法，是無論什麼人決定新意見時所慣用的一個方法。這方法是一律的。一個人已經有了一堆的舊意見，若是遇到一個新經驗，就有事情發生了。或者有人反抗那些舊意見；或自己在反省時間察覺了它們中間矛盾的地方；或聽見了別的事實和它們不符合；或心裡生起一種願望，是它們所不能滿足的。結果是一個內部的煩擾，爲以前所沒有經過，若要免除這煩擾，不能不把以前所有的意見酌量變換。他對於這宗舊意見，可以保留的，自然竭力保留，因爲在各人的信念上，大家都是極端守舊的。他這樣試著變換這意見，再變換那意見（這些意見抵抗變換的限度亦不相同。）等到最後生了一個新觀念，可以栽接在舊意見上，而使那舊意見只有一個最低限度的騷擾；這個新觀念把舊意見與新經驗相互調和起來，融貫得十分美滿恰當。

於是這個新觀念便成爲一個眞觀念。它用最低限度的變換，保存著較舊的一堆眞理，擴張它們，使它們恰能容受這新經驗，但是也用最熟悉的方法去解釋這新經驗。一個過激的解釋背盡了種種從前的意見，人們決不肯認新經驗爲眞解釋。我們四面勤求，直到獲得了一個不那樣偏激的說法。說到底，一個人最激烈的改革，就是信念上留著他舊秩序不動的大部分。時間與空間、因與果、自然與歷史和個人自己歷史，總是依然不改的。新眞理常是一個媒介，一個過渡的緩和者。它將舊意見和新事實締結起婚姻來，顯出極低限度的抵觸、極高限度的連續。我們認爲一個眞的理論，也不過是看它能不能解決這「最高限度和最低限度的問題」。它成功解決到什麼程度，就眞到什麼程度。但是解決這問題的成功，又是一件近似的事情，不是絕對的。我們說，這個理論比那個理論解決得更滿意些，也只是說對於我們而言更滿意罷了，但是各人滿足的注重點是不同的。所以無論什麼東西，總有幾分可改性。

我現在勸諸君特別觀察的一點是較舊的眞理所占的地位。忘了這一層，則對於實用主義會發生許多不公平的批判。其實較舊的眞理有極大的勢力。對於它們的忠心，是第一主義——在多數人心中是唯一的主義；若是有一個極新現象，它要把我們的舊意見重行安排，那麼我們平常的處置方法，便是完全不理它，或是罵那些證明它的人。

諸君必定要向我索求這個眞理增長的實例，令人討厭的就是這些實例太多，新眞理最簡單的一項，自然是把新種類的事實用以增加我們的經驗，或是以舊種類的新事實增加我們的經驗——這增加是用不著變換舊信念的。一日復一日，內容便逐漸增加起來。新內容無所謂眞，它們不過存在罷了。當我們說它們存在，單純的加積公式就滿足了眞理的條件，我們說起來就稱它們是眞理。

但是常常那一日的內容，也逼迫我們重行安排一下。若是我現在站在這講台上，忽然像瘋子一般狂叫，你們對於我的哲學價值也就必須懷疑起來。鈤（radium）或譯鐳或雷錠的初次發現，是一日的內容之一部分，一時看來與我們自然界秩序的觀念——勢力保存（the conservation of energy）——是衝突的。單看鈤從自身無限制地放射熱能出來，就是和勢力保存說相違背。怎麼想呢？若是這鈤的放射，不是別的，單是原子裡原先存在的「潛伏力」散放出來，那保存說便有法挽救了。最後是「氦」（helium）的發現，恰好替這信念開出一條生路。拉姆齊（Ramsay）的意見普遍認爲眞的，因爲他雖將我們舊勢力的觀念擴張了，卻於那觀念的性質中，做最低限度的變換。

我用不著再多舉例。總之，一個新意見的「眞」能使個人吸收新經驗到舊信念裡去的願望滿足成正比。它必須靠著舊眞理，亦必須握住新事實；它的成功，（我剛說過的）是件個人鑑別的事情。所以舊眞理加上新眞理而增長，是爲了主觀的理由。我們自己在這過程中服從這些理由。一個新觀念，能盡它的功用滿足我們兩方的需要最是美滿，這便是最眞的。它使自己眞，能使人把它歸入眞的一類，全仗著它動作的方法：將自己接在一部分舊眞理上，讓它發展起來，像一棵樹靠了一層新生組織的活動而生長一樣。

杜威與席勒將這個觀察推廣應用到眞理最老的部分上去。那最老的眞理，也曾有可改性的。當初人家叫它們眞理，也是爲了人的理由。它們也曾調和更早的眞理與當時的新觀察。純粹客觀的眞理——那種眞理不做我們一部舊經驗和一部新經驗的媒介，不給我們人性的滿足，而自己能成立的——卻沒地方找得出來。爲什麼我們說那些事物是眞的理由，它們就是眞的理由，因爲「是眞」的意義不過是能盡那媒介的功用。

這樣看來，什麼都脫離不了人生。獨立的眞理、只可尋得的眞理、不能陶鑄了去供給人需要的眞理，一言蔽之，不能改變的眞理，是原存在的，且是過分多的存在——或者說，傾向唯理主義的思想家，假設他存在的；但是這樣的眞理，不過像一棵活樹裡的死心；這樣的眞理還存在，不過說眞理也有它的「化石期」，也有它的「時效」，它辛勤服役了多年，也就老了僵了，不中用了，再歷久便化成石了。我們現在確實明白，就連最舊、最古的眞理，也是可以改鑄的，只須看論理、數理上觀念的變遷和物理學能漸受這變遷的影響就夠了。舊的公式須拿來重新解釋，作爲更廣的原理的特別表現。那更廣的原理，像我們現在所有的形式和規定，是一些我們祖宗所沒有看到的。

席勒先生叫這種眞理論是「人本主義」（humanism），但是我覺得「實用主義」這個名詞更適當些，所以以下各篇裡都喚它實用主義。

實用主義的範圍如此——第一是一種方法，第二是一種眞理的發展論（genetic theory of truth）[6]。這兩層就是我們將來討論的題目。

我所講授的眞理論，既是很短，你們看了一定覺得暗晦、不明晰、不滿意的。我以後要塡補這缺陷。在「常識」一篇裡，我將要說明我的意思，什麼叫做眞理歷久成了化石。在另一篇裡，我要委屈申說我們思想的眞與它做媒職務的成功成正比例。還有一篇裡，我要指出辨別眞理發展中主觀和客觀分子是何等困難的一件事。這些演講諸君不見得都完全了解，即使了解，也不見得完全同意。但是我知道諸君必定當我至少是認眞的，而尊重我的努力。

你們若知道席勒與杜威兩先生的理論，是在怎樣輕蔑與譏誚的狂飆下受苦，大概會很詫異。凡是唯理派的哲學均群起反抗他們。在有勢力的地方，人們都待席勒如待魯莽而該打的學童一樣。我不應說到這層，若不是爲了這點正好旁證那唯理主義的氣質與實用主義的氣質之相反。實用主義離開了事實，便覺得不快；唯理主義，必須有了抽象的理論方才適意。實用主義所說的眞理是多數的，而眞理的功用與滿足，和它們「動作」的成功，這般那般，從唯智派的心裡想來，無非將眞理視爲一種粗糙的、跛形的、次等的暫時替代品。這樣的眞理不是實在的眞理。這樣的試驗不過是主觀的。客觀的眞理一定是一種非功利的、高雅悠遠、尊嚴的東西；一定是我們思想與絕對實在的絕對符合。它一定是我們無條件的應當怎樣思想，而現在我們有條件的這樣思想是不切適的、是一件心理學的事。講到這一點，要論理學，不要心理學。

這裡可以看出兩種不同的心的比較。實用主義家攀著事實與具體性，觀察眞理在個別事件裡的作用，然後下概論。眞理於他是一個類名，凡經驗中確定的、有作用的價值都是眞理。唯理主義家的眞理是純粹的抽象，我們必須服從於他的一個虛名。當實用主義家要去詳細說明爲什麼我們必須服從他，唯理主義家卻不能認識他自己所抽象出來的具體事實。他反責怪我們否認眞理的罪名，在我們只不過要去探索爲什麼人家服從他，且常常的要去遵依著他。那過度的抽象思想家，見了具體性會嚇得發顫，他積極地情願要慘白的如幽靈般的東西；假如兩個宇宙給他選擇，他定揀那骨瘦的外形，不取這豐厚的實在。他覺得那個清潔、明白、高尚得多。

我希望我講演下去，諸君就可以看出實用主義所主張的具體性與事實的接近，是它最使人滿意的特色。但它也不過效法那姊妹的科學，用已經觀察的去解釋沒有經過觀察的。它把舊的、新的調和得很融洽，把我們心與實在「符合」——這「符合」是什麼意思，以後我們還要問——的空觀念，變換成豐富的、活動的一個交互關係，就是我們個別的思想與其他經驗中大宇宙的交易。

這是後話，暫且緩提。我現在要加幾句話說明我上篇所舉的一個要求，就是實用主義是經驗派的思想與人類宗教性的需求兩項的調和者。

你們記得我曾說過，有強烈的愛事實的氣質者，對於流行的唯心派哲學的不理事實，是很難容許的。它的唯智傾向太大。舊式的有神論，把上帝看作一個很高的君主，有許多不可理解的荒謬「屬性」，已經很壞了；但是它靠著意匠論的辯證，和具體的實在還有些接觸。而在達爾文說將意匠論永遠推翻，有神論開始失去了那立腳之地。於是科學的頭腦不再容許舊式的神學，我們現代的想像，不說神則已，說到神，總是指一種內含而普及的神，在事物以內動作，不是在事物以上主宰。二元的有神論，雖也還有能幹的辯護人，可是想望哲學的宗教之人，都趨向唯心的普神論了。

但是我上回說過的，普神論也是愛事實的人或經驗主義家所難以融會的。它築在純粹的論理上，是一個絕對性的品質，和具體性不聯絡。它認爲「絕對的心」——上帝的替代名詞——是各項事實合理的先有假設，但是世界裡的各項事實究竟是什麼，它完全不理會。不論那些事實是什麼，絕對的心總是它們的父。像《伊索寓言》裡的病獅，所有蹤跡都引導到它的洞裡，卻沒有一條可以退出的。你不能靠著「絕對」的幫助回到事實的世界裡來，或從你對於它的質性觀念裡，去演繹出什麼必然的結果於人生是重要的。它給你一個確證，說依靠了它和它究竟的思想方法，便什麼都是好的。不過你現在的超度，卻要仗著你自己現時的計劃了。

這個概念的偉大、莊嚴，與它給許多人宗教的安慰能力，我絕不否認。但從人生的觀察點看它，它的寥遠和抽象性也不能避諱。它單純是我所謂唯理派氣質的產物，輕視經驗主義的需要。它將一個蒼白的外形，去替代實在世界的繁富。它是微妙的、高尙的——這高尙是不好的意義，即不能於人生存在有用的意義。在這辛勞與塵垢的實在世界裡，我以爲凡有「高尙的」世界觀，應當看作違反眞理的一種成見，於哲學上爲不合格。黑暗的王也許是一個「上流人」，不論上帝是什麼，他決不會是一個「上流人」。人間的風塵勞苦需要他「上帝」謙卑服役，比天上需要他的尊嚴更迫切啊。

實用主義，果然忠於事實，卻沒有平常經驗主義唯物的偏見。並且它於抽象的理想，也不反對，只要這抽象的理想能助人達到各項的事實，能確切帶你到一個地點。實用主義，除了我們思想與經驗聯絡所得的結論以外，對於別的結論不感什麼興趣，可是對於神學，也沒有先存的（a priori）偏見。**如果神學的觀念，於具體的生活，能有價值，它在實用主義上就是眞的，就眞到這個限度。至於它更加眞到什麼限度，就全靠它與別的眞理的關係怎樣。**

我剛講的超絕的唯心論的「絕對」就是一個例。我先說這觀念是莊嚴的，能給人宗教的安慰，我又怪它太寥遠，太空虛。但是它只要能給人宗教的安慰，就一定不是空虛，就有那麼多的價值，就有一個具體的功用。我若是一個好的實用主義家，應當說它是眞的，眞到這個限度。我現在先毫不猶豫地這樣說。

這「眞到這個限度」又怎樣解說呢？要解釋它，我們只須應用實用主義的方法。信仰「絕對」的人說，他們的信念能給他們安慰，這是什麼意思？他們的意思是，在「絕對」中，有限世間的惡已制止了，因此我們的現時，就可以當它在潛伏力上是永遠，是究竟，我們可以相信它的結果，我們可以——沒有罪惡——消除恐怖，拋棄有限世間裡責任的煩擾。總之，他們的意思是，我們不時可以有一個道德的休假日，讓世界自由進行，我們可以覺得它的問題自有能手解決，不用我們過問。

宇宙是一個系統，各個人在裡面可以不時拋開他們的煩惱，有著道德休息日的——那實在，是我們所知的「絕對」一部分；那「絕對」果然眞實了我們各項經驗裡所發生的大差別；那「絕對」照實用主義解釋起來的「兌現價值」。稍看哲學書的人，以絕對的唯心論爲是的，到了這點，也就不再去推尋了。他可以應用「絕對」到這限度，而這限度是很寶貴的。他聽見你不信仰「絕對」很痛苦，他也不去細考你的批評，因爲你的批評，關於這概念的各面，正是他所沒有注重的。

如若「絕對」的意義是這個，且不外這個，那麼誰能否認它的眞呢？去否認它，不啻堅持人永遠不應當休息，休假日是永遠不應當有的。

你們必定覺得很奇怪，若聽見我說，一個觀念，只要我們信仰了它是有益於我們的生活，就是「眞」的。你們自然承認它是善的，因爲它既然有益到這限度。倘使我們因它的幫助所做的事是善的，這觀念自身也定是善到那個限度。但是你們要說，去稱善的觀念是「眞」的，豈非「眞」字爲很奇怪的誤用嗎？

要完滿解答這個問難，在這時候還不能。你這一問，恰摸著席勒、杜威和我自己的眞理論的中心點。這點我現在還不能詳細討論，須等到這講演的第六篇裡才能說明。讓我現在單說「眞」是「**善的一種**」，不是如平常所假設的，而是於善以外，另爲一範疇而與善同等的，**凡在信仰上是善的，並且因爲確定的可指示的理由而是善的，這就是眞的**。你定要承認，若眞觀念於人生上沒有什麼好處，若眞觀念的知識是積極的、不利的，若只有假觀念是有用的觀念，那麼流行的見解以眞理爲神聖和珍貴，以尋求眞理爲人生的職責，這樣的見解永不會發生，永不會成了一個獨斷的信仰。倘若在那樣的世界裡，我們的職責倒是要回避眞理了。但在這個世界裡，正如有幾種食物，不但適合我們的胃口，並且適合我們的齒牙、胃臟、組織；有幾種觀念，不但適合於思想，適合於維持我們所喜歡的其他觀念，並且有益於生活上實際的奮鬥。若有一種生活，是我們的確應當經歷的，若有一種觀念，我們信仰了可幫助我們去經歷那生活的，那麼**我們最好去信仰它；除非對它的信仰，有時會和其他更重大的利益相抵觸**。

一種觀念「是我們最好去信仰的」，這很像一個眞理的定義。這好像說「我們所**應當**信仰的」，在這定義裡你們大概沒有什麼詫異的地方。我們不應當信仰我們最好能信仰的觀念嗎？我們能永遠把我們所以爲好的和我們所以爲眞的分作兩件嗎？

實用主義說不能，我完全和它一樣回答。從抽象方面說，大約你們也都同意，但是有一個疑問，就是說倘若在實際上，我們信仰各項有益於個人生活的事物，那我們必致生起許多關於世界上事情的空想，許多關於未來世界情感的迷信。這個疑問有很好的根據，是無疑的；我們從抽象的觀念到具體的複雜情形，中間另外發生變化，也是可明白的。

我剛說過，我們最好能信仰的這個觀念是眞的，**除非對它的信仰有時和其他更重大的利益有牴觸**。在實在生活中，什麼重大的利益最易和我們個別的信仰衝突呢？除了其他信仰所發生的重大利益和這信仰的不符合，還有什麼呢？換一句話說，我們許多眞理的其中一個，可以成爲我們其他眞理的最大仇敵。凡眞理都有自衛的本能，與撲滅反對者的願望。即如信仰「絕對」的存在，原根據於其所予人之善，而此信仰欲自存，必經過我所有之其他信仰的爭鬥。現在假定它能給我一個道德的休息日是眞的。然而它仍和我的其他眞理相衝突，我不可能爲了它就捨棄其他眞理給我的好處。它又與一種論理相聯絡，這論理是我所最不喜的，我覺得它糾纏了許多玄學的矛盾，是我們所不能容許的。人生沒有智慧上的矛盾，煩惱也夠多了，誰還要徒增這智慧上矛盾的一重煩惱？所以我還是捨棄這「絕對」而單留我的道德的休息日，或者效仿那職業的哲學家，拿別的原理來解釋這道德的休息日。

若我能把「絕對」的觀念，限制於它給道德休假的價值，那就不和我其他眞理相衝突了。但是我們又不能這樣限制我們的假設。這些假設的特點很繁多，衝突的就是這繁多的特點。我對於「絕對」的不信仰，其實就是我對於它那繁多的特點的不信仰，因爲講到道德的休假，我完全信仰它是正當的。

你們現在可明白我以前所說實用主義是一個調和者的意思，和我借巴比尼的一個字，說實用主義「柔和」我們理論的意思了。實用主義，沒有偏執的成見，沒有武斷的信條，沒有什麼才算證據的法規，它是完全溫和的。它肯用不論什麼的假設，它肯聽不論哪種的證明。因此在宗教上，它比實證的經驗主義同它的反抗神學的偏見，與宗教的唯理主義同它的專務高遠、簡單、抽象的概念，都有優勝的地方。

總之，它把尋求上帝的地域擴大了。唯理主義單靠著論理與天堂。經驗主義專重外部的感覺。實用主義情願容受不論什麼，情願遵從論理或感覺，研究最卑微、最個人的經驗。神祕的經驗，只要能有實際上的結果，它也是能容納的。倘使最卑污的事實中，或者就是上帝存在的地方，實用主義是要承認那樣的上帝的。

或許眞理的唯一試驗，就是引導我們什麼應用得最好，什麼能把生活的各部和經驗總體的要求配合得最妥貼。若神學觀念能這樣，若上帝觀念能這樣，實用主義怎麼能否認上帝的存在呢？一個觀念在實用上這麼勝利，而說它是「不眞」，這是實用主義所不認同的。除了這種具體的、實在的符合，這有什麼別種的眞理？

在我的末了一篇裡，我要回說到實用主義與宗教的關係。你們現在已經可以看見它是平民主義的。它的舉止，是變動不居的；它的勢力，是富厚的、無窮的；它的結論，是友好的。

◆注釋◆

【1】今譯為《哲學評論》。——編校者

【2】今譯為「互變異構的」。——編校者

【3】今譯為《理論與實際》。——編校者

【4】今譯為《奧地利工程師建築師協會會刊》。——編校者

【5】今譯為《科學》。——編校者

【6】今譯為發生論。——編校者

第三篇　玄學上幾個問題從實用主義上研究

我現在要使大家對這實用主義的方法更熟悉些，舉出它應用到各個問題上的幾個例子。我先從最枯燥乏味的說起，第一件就是**本體**問題。本體（substance）與屬性（attribute）的分別，是極古老的，在人類語言文字的構造上，即有主詞與賓詞的分別。這裡有一塊粉筆，它的形式（modes）、屬性、所有性（properties）、偶有性（accidents or affections）——你喜歡用哪個名詞就用哪一個——是白的、脆的、圓柱型的、在水內不溶解等等。但是這些屬性的擔負者是一塊粉筆，它是許多屬性所附在內的本體。又好比這書桌的屬性，附在木頭本體內；我這衣服的屬性，附在羊毛本體內。粉筆、木頭、羊毛雖有分別，卻同樣具許多通性（common properties），又可以作爲一個更原始的本體形式（modes）。這更原始的本體是**物質**（matter），它的屬性是占有空間與不可透入性。我們的思想與感情，也一樣是我們各個靈魂的品性。這各個**靈魂**（soul）是本體，但也是一個更深的本體——「精神」（spirit）——的形式。

關於粉筆，我們所知道的，是白與脆等等；關於木頭，我們所知道的，是可燃性和它的纖維結構。這是很早就明白的。每個本體所給人知道的，是它的一組屬性，它們是這本體於我們實際經驗上唯一的兌現價值。這本體由它們顯露出來，若我們隔絕了它們，我們永不會知道有這本體的存在。若上帝一直把它們依著不變換的次序送給我們，卻在一個時間，忽然很神奇地把它們所寄托的本體銷毀了，我們永不能覺察那個時間，因爲我們的經驗不會變換。因此唯名派的學者（nominalists）說，本體是一個虛僞的觀念，爲的是讓人類有個變名爲實的老玩意兒。現象是一組一組地來，譬如粉筆組、木頭組等等，每組得一個名詞。這個名詞，我們就當是一組現象所附著的。好比今天溫度很低，我們就假設是從一件事物叫作「氣候」來的。其實氣候不過是一組若干日子的一個名詞，人卻當它是在日子以後另外一件東西。唯名主義家說，凡物所有現象的屬性，決不附著在名詞裡；但是不附著在名詞裡，就不附著在任何事物裡。它們彼此附合，決非如舊觀念，有一個我們不能達到的本體來黏著它們，如「水泥」黏著片片的磚石一樣。本體的觀念不過有屬性彼此附合的意義。這事實以後，別無何物。

繁瑣哲學（scholasticism）[1]從常識裡得了本體的觀念，把它變成很學術的、清晰的。我們和本體既隔絕了接觸，比本體更少實用效果的事物也很少了。然而繁瑣哲學在一件事上，用實用主義的方法來處理本體觀念，而證明它的重要。我指那關於聖餐（Eucharist）的神祕之爭辯。在這裡，本體似有很重大的實用價值。那餅的品性，在聖餐裡明明不改變，然而竟換成了基督的肉體；這個變換，一定單在本體上了。餅的本體被抽出了，很不可思議地換成了神聖本體，但並沒有變換它直接、可感覺的屬性。屬性雖沒有變換，卻已發生巨大的差別，凡承受聖餐的人，所食的不是餅，是神聖的本體。本體觀念侵入了生活，有重大的效果，如果你承認本體能與它的品性分離而交換別的品性。

這是我所知道的一個本體觀念的實用主義之應用。自然只有已經信仰神聖本體之「眞在」（real presence）的人會去鄭重研究它。

物質的本體（material substance）經貝克萊嚴密的批評，受到重大的影響，以後的哲學中，貝克萊的名字就很有聲聞了。他處理物質觀念的方法，眾所皆知便無須再提。他並不否認我們所知道的外界，他以爲使外界成爲不實在之最有力的原因，是繁瑣哲學的物質本體觀念。繁瑣哲學，以物質的本體爲人所不能達到的，在外界之後，卻比外界深且實在，並維持外界。貝克萊說，不要那個本體，信仰這一個可感覺的世界是你能了解而達到的，上帝所直接給你的，於是證實這句話，並且拿他的神聖能力來做補助。因此貝克萊對於物質的批評，是絕對的、實用主義的。我們所知的物質，是我們所得的顏色、形態、硬性等等的感覺。這些感覺就是所謂物質的兌現價值。物質存在或不存在，於我們所發生的差別，就是在於我們有沒有這些感覺。這些感覺是它的唯一意義。貝克萊並不否認物質，他不過告訴我們，物質所由成的是什麼。物質是這些感覺的一個名詞，這名詞不過眞到這個限度。

應用同樣實用主義的批評於**精神的本體**（spiritual substance）者，前有洛克，後有休姆。我單述洛克對於「個人同一」（personal identity）的解釋。他把這個觀念在經驗方面立刻劃分到它的實用價值。他說，個人同一的意義，不過是這麼些「意識」（consciousness）；不過是說，我在生命的某一時間，能記憶其他時間，而覺得它們都是同一人歷史的各部分。唯理主義用我們靈魂本體之單一性，來解釋此生命中實用的繼續。但是洛克說：假如上帝把意識拿去了，我們因爲仍有靈魂，就會好些嗎？假如上帝把同一的意識，連著不同的靈魂，我們知道自我時就壞些嗎？在洛克的時代，靈魂是受上帝賞罰的一件東西。看洛克從那個觀察點討論，怎樣把這問題，保持在讓它作爲一個實用的問題：

他說：「假如一個人想像他的靈魂就是從前內斯特（Nestor）或梭賽提斯（Thersites）的靈魂，他能想像他們的行爲就是他的行爲嗎？若是他一天能於內斯特的行爲**有意識**，他就覺得自己與內斯特是同一人了。……惟其有這個人同一性，才見得上帝賞罰的正當和公平。一個人對於他不知道的事件，不應負責，等到他有此意識時再責備他而受罰，才是合理。假如一個人現在爲了他另一個生命裡所做的事而受罰，對於那個生命，他又對一些行爲沒有意識，那麼這種懲罰和生來便是苦惱有什麼分別呢？」

洛克的個人同一性，實際上是由可確定的事實所形成的。這同一性離了可證明的事實以外，是否也附著在一個精神的要素內，這不過是一個奇異的空想。洛克是一個調和家，他默許我們意識以後，有一個實體的靈魂信仰。但是到了他的後起者休姆與多數的經驗派心理家，都否認靈魂，除非把靈魂作爲我們精神生活裡可證實的、聯絡的一個名詞。他們把靈魂降到經驗流裡，兌現成了零碎價值，就是「觀念」和觀念間的關係。如我以前所說貝克萊的物質一般，靈魂也眞到這麼一個限度，不能再多了。

說到物質的實體，自然要想到「物質論」（materialism），但是哲學的物質論，不必聚焦於「物質」的信仰。一個人可以否認物質如貝克萊，也可以是一個唯象論者（phenomenalist）如赫胥黎（Huxley），亦可爲廣義的物質論者。所謂廣義的物質論，是指那用較低的現象去解釋較高的現象，把世界的命運，讓給它盲性的部分和勢力去支配。在這廣義上，物質論是和唯心論（spiritualism）或有神論（theism）相對的。物質論說，一切事物是給自然律所支配的。人類爲所有最高的物，我們只要完全熟悉事實，自能從事實的生理情狀上推算出來，不問自然界是否單給我們的心如唯心論者所爭論的。我們的心，無論怎麼樣，總得去記載那樣的自然界，照著它在盲性的和物理上的定律行動並把它寫下來。這是現代物質論的概觀，叫它自然論（naturalism）比較好些。在它的對面，有「有神論」或者廣義叫它「精神論」。精神論說，心不但能察見與記載事物，並且能驅使與運用它們。世界不是被較低的分子指導的，而是受較高的分子指導的。

尋常這個問題不過是一個審美選擇上的衝突。物質是粗糙的、頑鈍的、如汙泥的；精神是純潔的、高尚的、尊貴的；精神比物質優越些，那麼在宇宙裡給它一個高位，是與宇宙的尊嚴相稱的，所以一定要認定精神是統率宇宙的要素。把抽象的要素當作最後的結局，我們的智慧，到了它那裡就只可停住了羨慕著思維，不能再前進，這是唯理主義的一大缺點。精神論常不過是一個態度，對於一種抽象的羨慕，對於另一種抽象的厭惡。我記得有一個很好的精神論派教授，他講到物質論，常說他是「泥土哲學」，以為這就足以駁倒物質論了。

對於這樣的精神論，有一個極容易的答辯，斯賓塞先生說得很有力。在他的《心理學》第一卷末很精粹的幾頁裡，指示我們一個物質，這樣無限的精微，它的運動這樣不可思議的快速而細緻，如現代科學所設置的，在這個物質裡不留一些粗糙的痕跡。他指示我們所構成的精神概念，自身太粗糙，不能綜括自然界諸事實的無上細微。他說，兩個名詞——精神與物質——都不過是符號，同指著一個不可知的實在，在那個實在裡，它們所有的抵觸都消滅了。

對付一個抽象的駁認，用一個抽象的答辯也足夠了；因爲把物質看作頑鈍，而發生對於物質論的反抗，經斯賓塞這一說法，也失掉它的根據了。物質的實在是無限的與非常精微的。無論哪一個人，曾看過一個死的孩子或父母的面孔，只需想一想物質能表現出哪一樣親愛的形式，以後也應視物質爲神聖了。生命的要素，物質的或非物質的，沒有什麼分別，物質至少總是協助的，對於生命的目的有關係的。剛說的那可愛的肉軀，就是物質的可能性的一端了。

我們現在不要像唯智派專講原理，我們要拿實用主義的方法，應用到這問題上去。物質是什麼意義？世界受物質的驅使或受精神的驅使，能發生什麼實際上的差別？這樣一問，我們問題的性質就不同於前了。

第一，我要喚起你們注意一個奇異的事實。講到世界的過去，無論我們當它是物質的創作或有一個神聖的精神做創造者，不生一毫差別。

假設世界的完全內容，是將永遠不可變換的給我們了；假設世界就在這個時間停止，那就沒有將來了；然後讓一位有神論者和一位物質論者來應用他們對抗的解釋，於這世界的歷史。信仰有神論者說明上帝怎樣創造這世界。物質論者則指出世界怎樣從盲性的自然力裡成就出來。假設他們兩人一樣說得圓滿，試問實用主義家該選擇哪一個理論？如若世界是已經完成了，他怎麼樣能應用他的試驗？他的概念是回到經驗所用的事物，使我們尋出差別而來的事物。但是照著以上的假設，不會再有什麼經驗了，亦沒有什麼差別可尋了。兩個理論都已明示出它們的結果，依我們所定的假設，它們的結果是相同的了。實用主義家因此必說，這兩個理論，不管有怎樣不同的名詞，確實同指著一物，所有爭論都是完全文字上的爭論。（我們自然假設，兩種理論，解釋得同一滿足的。）

誠意地把這事件想一想，若上帝在那裡，他的事實已經完成了，他的世界停止了，那上帝的價值是什麼呢？他的價值不會比那世界的價值多一些。他的創造力能達成那麼多的結果，同那結果的優點與缺點，達到了，就不能再前進了。既然不再有什麼將來，既然世界的完全價值已經交付，既然它的完全意義已經實現，既然它不像我們實在的世界，那麼從它準備將來的機能中，生出添補的要義，我們就可用它來衡量上帝了。上帝是一個實在，能做那麼許多事。我們對他感謝，也就爲了那些許多事，不爲別的。從反面的假設來看，一點一滴的物質，遵循了它們的定律，因此成就那個世界，不少分毫，那麼我們不應當一樣的感謝它們嗎？我們放下了上帝，讓物質獨自擔負那世界，我們哪裡能感覺到什麼損失？有什麼特殊的發現？經驗是至始至終的，怎麼樣的上帝存在能叫它更鮮活，更豐富？

直說吧，要給這問題一個答案是不可能的。不論從哪一個假設，我們實際所經驗的世界，在細目上總是一樣；布朗寧（Browning）說得好，「我們譽它、毀它，總是一樣」。它存在於那裡，不能退縮；像一件贈品，不能收回。你說物質是它的眞因，對於它所構成的條目，不損一分；你說上帝是它的眞因，於那些條目也不增毫末。若上帝在那裡，所做的事也不過原子所能做的；所得的感謝也不過原子所應得的，一分不能多。若他的存在，想在表演上不生差異的結果，那表演就不能因他而得到更多的尊嚴。若他缺席了，剩了原子獨自在劇場上活動，這劇也不因少了他而成了輕藝。劇完了，閉幕了，就算你去要求，說它的作家是名能手，也不能使這劇好一點；若你說那作家是庸夫，也不能使這劇變壞。

所以如果從我們的假設，演繹不出什麼經驗或行為上將來的細目，則物質論與有神論之爭，是廢話，根本無意義。在這裡，物質與上帝是一物——是能創造出完成這世界的能力，不多不少——有智慧的人，遇到這種額外的討論，只有掉頭而去。所以對於哲學的辯論，沒有確定的將來；結果可見，多數人順著本能掉頭而去，實證主義家與科學家經過考慮掉頭而去。哲學文字空虛的性質，是它所受到最普通的批評。倘使實用主義是眞的，哲學應當承受這個批評，除非對抗的理論可以證明有差異的實際性結果，這結果的微細遼遠且不論。普通人與科學家說，他們尋不出這樣的結果。若玄學者自己也尋不出這樣結果，那麼難怪別人的批評了。他的學問不過是渲染的瑣碎事情，如同設立一宗基金，聘任專門的教授，毫無意義罷了。

所以眞的玄學的辯論，一定要包括一個實際上的爭點，不論這爭點是怎樣推測的或有遼遠的性質。要實認這點，請同我回到我們的問題：這回假設我們在這現在生活的世界裡，這世界是有一個將來的，是還沒有完成的。在這沒有完成的世界裡，物質論或有神論兩端的選擇是很實際的。我們値得花費幾分鐘，來看看它怎樣關於實際。

我們若以爲從前到現在經驗的事實，是盲性原子依著究竟的定律運動的形態，或反轉來想，以爲是上帝的旨意所構成，照這兩種意思，這程序（program）便於我們有怎樣的差別呢？以過去的事實論，沒有差別。事實已全囊括了；它們裡面的善也取得了，不管它們的原因，是原子還是上帝。因此今日有許多物質論者，一些不顧這問題將來的和實際的方面，只想排除人家對這「物質論」一個名詞的憎厭，或排除這名詞的自身。他們說，物質既然能產生這種利益，那麼從機能上說起來，物質也和上帝一般是神聖的，實在是與上帝合而爲一，實在就是你所謂的上帝。他們勸我們不要再用這兩個名詞，省略舊的抵抗。一方面我們要取一個名詞沒有宗教的含義，另一方面要一個名詞不表示粗劣、頑鈍、不尊貴的意思。不要說上帝，也不要說物質，讓我們說它是原始的神祕（primal mystery），是不可知的力（unknowable energy），是唯一的能力（the one and the only power）。這是斯賓塞所勸我們的，若使哲學純是回溯的（retrospective），他可自命爲很好的實用主義家了。

但是哲學也是預料的（prospective），找到了以前世界是什麼、做什麼、成功了什麼，哲學還要問，世界允許什麼。若有人能給我們一個物質，這物質允許成功（success），它受著定律的支配，能引導我們世界逐漸接近全善；這樣的物質，不論哪個合理的人崇拜它，一定不減斯賓塞崇拜它所謂不可知的能力。這樣的物質，不但曾主持正義，且將永遠主持正義。我們所需要的，也不過如此了。上帝能做的，實際上它都能做，它等於上帝，它的機能是上帝的機能，在那個世界裡，上帝是多餘的，無用的。那世界裡沒有上帝，不損失什麼。「宇宙的情緒」（cosmic emotion）在這裡是替代宗教的正當名詞。

但是斯賓塞主宰宇宙進化的物質，是這樣一個永不終止、全善的定理嗎？實在不是，因爲每個宇宙蛻化出來的事實或事實的體系，它的將來結局，照科學所預言，都是死的悲劇；斯賓塞解決這爭論，專限於美的方面，而忘了實際的方面，實在沒有貢獻什麼重大的補救。現在應用我們實際上結果的定理，去看這物質論和有神論有什麼重大意義。

有神論與物質論，回溯看來，沒什麼差別；預料地看來，指著完全不同的經驗狀況。因爲照機械的進化論，雖然爲了我們機體所給我們的娛樂，爲了我們心思所構成的理想，我們要感謝那物質和運動的並分配律，但是它們還是依著定命，再要消滅它們的事業，離析它們所蛻化出來的事物。進化的科學所預言的宇宙末日圖畫，是大家知道的。我不能比鮑爾弗氏（Balfour）講得好些，他說：「我們體系的力要衰歇，太陽的光要昏暗，無潮流無活動的地球，不再讓人種去打擾它的沉寂。人要落在陷阱裡，他的思想就要滅亡。在這一隅裡，這短時間內，意識雖打破了宇宙滿足的靜默，那時意識也休止了。物質不再只有它自己。凡磨滅不了的紀念碑、不朽的勛名功業，都和沒有一樣。死，比死更強的愛，也是未曾有了。凡人世經歷無數的年代，無量的勤勞、心力、忠愛、艱辛所得的結果，或好或壞，也只是同沒有這回事一樣。」見《信仰之基礎》（*Foundations of Belief*），第三十頁。

那是它的苦痛所在：在宇宙的風濤中，人生漫無邊際地飄蕩，雖也望著好多珍奇的島岸，經過許多變幻的雲山，供我們流連賞玩，然這暫時的產物離去了，就絕對無一物存留，可表示它們的性質，及它們所含的寶貴分子。它們死了，去了，完全脫離存在的範圍了。沒有一個回音，沒有一些記憶，沒有一絲影響於後來的人，令他有同一的理想。這種完全的破裂和悲劇，是現在人所了解的科學的質論骨子。較低的勢力——非較高的勢力——是究竟的勢力，或在我們所見進化時期裡最後生存的勢力。斯賓塞先生也信這點。我們所不慊於物質論的，是他後來實際結果的愁慘，他和我們辯論，卻好像我們專反對物質與運動——他哲學的定理——的粗劣。

其實不然，對於物質論的眞駁論，非積極的，乃消極的。我們現在去說它**是什麼**，說它「粗劣」，就是滑稽了。粗劣不粗劣在於行爲——那個我們知道。我們反對它，是說它**不是什麼**——不是我們理想利益的永久保證，不是我們最遠希望的實踐者。

在他看來，上帝的觀念縱然沒有如數學觀念的明瞭，卻有一個實際上的大優點，就是保證一個理想的秩序，可以永久存在。有上帝裁判的一個世界，自然也可以燒毀或凍結，不過我們總想有他在那裡保護了舊的理想，令它們在別處仍可成熟。所以上帝所在的地方，悲慘是暫時的、局部的，破裂與分解不是最後的。這究竟的道德秩序的需要，是我們心坎裡最深的需要之一。但丁（Dante）與華茲華斯（Wordsworth）爲一流詩人，生活在這種道德秩序的信仰上，所以他們的詩具有偉大的營養精神及安慰人心的力量。物質論與精神論的實在意義，就在於這不同的感情上和實用上的感化力，在我們希望與期許的具體態度的調和，在它們的差異所發生的精微實效；不在辨析毫芒的抽象理論，無論關於物質的精髓或上帝的屬性。物質論否認道德秩序是究竟的，隔斷了我們最終的希望。精神論肯定一個究竟的道德秩序，且容許那希望。這是一個眞的爭點；人之爲人一日不變，這終是一個嚴重的哲學辯論的材料。

也許你們中間仍有人這樣辯護，敘述精神論、物質論對於世界將來的預言儘管不同，我們仍可以把它們的區別看作極遠的事物，甚至用健全的心看。所謂健全的精神要素，你可以說是有較短的眼光，不去理會什麼世界的終局等空想。你若這樣說，你可冤屈了人性（human nature）了。宗教性的憂鬱不是用「癲狂」一個名詞所能排除的。絕對的事物、最後的事物、互掩的事物，實在是哲學的問題；凡優越的心，對他們都覺得很嚴重關切的，那具有較淺見的心，不過就是較淺的人的心罷了。

這辯論中事實上的爭點，我們現在自然心中不甚明晰。但是各種精神論的信仰，都關涉一個**希望的世界**，物質論的太陽沉在一個失望的海裡。記得我前面所說絕對的話嗎？我說絕對給我們道德的休息日。無論哪種宗教的見解，都給我們道德的休息日。它不但鼓舞我們更奮力的時間，也占有我們快樂的、擔憂的、信托的時間。它的根據，自然是含渾不明的。我們信仰上帝所擔保的事實、拯救將來的明確情狀，是要用無窮的科學方法計算出來的。我們**探索**上帝，只能探索祂的創造物。但是我們能因上帝而**喜悅**（enjoy），只要我們有一個上帝，我們可在種種勞苦以前，得著上帝的所予且我們喜悅。我自己信上帝的證據，根本的在內部的個人經驗裡。你自己個人經驗，給了你一個上帝以後，上帝的名詞至少給你休息日的利益。記得我上次所說，眞理的衝突和它們彼此的競爭嗎？「上帝」的眞理要經過我們其他的眞理的爭鬥，它們彼此互受試驗。我們對於上帝最後的意見，須等各眞理都妥善而後方能決定。希望它們能尋到一個未解決前暫時的調停（Modus Vivendi）！

讓我再述一個很類似的哲學問題，**自然界的意匠**（design in nature）**問題**。從極古的時代到現在，有人以爲上帝的存在有自然的事實可證明的。有許多事實，看來像是特別爲它們預先安排，使它們彼此互相吻合。如啄木鳥的嘴、舌、腳、尾等等，很奇異的適合它於一個樹林世界，有蟲類藏在樹皮裡成爲供給它們的食物。我們眼的各部，完全適合光的定律，引光線到網膜上形成清楚的畫圖。各種原始不同的事物，能這樣互相適合，可見有個意匠（design）在裡面∴這意匠者常是當作一個愛人的神。

這些辯論的第一步，是證明意匠的存在。於是遍索自然界，去尋覓個別事物交互適應所得的結果。例如我們的眼起源於胎內的黑暗，光起源於日，看它們怎麼樣彼此適合。視覺是意匠的鵠的，光與眼是達此鵠的之方法。

試想這個論證，我們祖宗怎樣一致的信仰，到達爾文的學說盛行以後，竟就不算什麼很可異的。達爾文啓發我們的心，令我們知道偶然的變化，只須時間增加起來，就有能力發生適合的結果。他說明自然界中，爲了所發生的結果，因爲不適合而受到消滅，有多量的耗費。他注重許多適應事項裡面，若見到有一個意匠者，那意匠者反是惡的而非善的。這全恃各個體的觀察點。那啄木鳥天生一張嘴，能啄取樹皮裡的蟲，來供給它食物，在這一方面，這意匠者是個慈善的神；在樹皮裡的蠋蛾這一方面，這意匠者一定是個惡魔了。

神學者現在也擴充他們的心，去吸收達爾文的事實，不過仍要解釋那些事實，以見有一個神的目的在。他們的問題是，目的或機械性到底哪一個發生這些事實。他們好像要我們說：「我的鞋子，明白它們目的是去配我的腳，說它們是機械造成的，便不可能。」其實我們知道目的與機械都有的：鞋子是機械造成，卻計劃好用它們去配腳。神學只需同樣的引申上帝的意匠便好了。譬如足球隊的目的，不但要把球放在球門裡（若單是這樣，那他們黑夜裡起來，將球放在那邊就成了），卻還要照一定的機械條件——足球的規則和競賽對手的分配——把球弄到球門裡；所以上帝的目的，也不單是創造人類、拯救人類，卻要憑藉自然界很大的機械動作去完成他的創造與拯救。沒有自然界繁重的定律與反抗勢力，則人的創造與成全不過是沒氣力沒興趣的功夫，恐怕上帝也不會想做的。

這樣一說，救了意匠論的形式，犧牲了它舊時的人格的內容。意匠者不是以前所供奉的一般的神了。他的意匠這樣廣大，我們人類簡直不能理解。那些意匠是**什麼**，我們已被它壓倒了，單去證明有一個意匠者，就沒有比較的效果了。我們很難理解一個宇宙的心（cosmic mind）的**性質**，它的目的在這實在世界的事物裡，善與惡的混雜中顯示出來。我們要去理解，簡直是不可能的。「意匠」一個名詞，自身沒有效果，無解釋什麼。它是最荒瘠的一個要素。有沒有意匠者的老問題都是空話。實在的問題是，若有意匠者，現在世界是什麼；若沒有意匠者，現在世界又是什麼——這個只可從研究自然界的各事項中宣示出來。

要記得不論自然界已發生或將發生的是什麼，必須有相當的方法，方法必須適合於那事項的發生。從適合到意匠的論證可常適用，不論發生的是什麼性質。如近來波雷山（Mont Pelée）的爆發，必須有歷史，曾發生這樣毀壞的房子，人與畜的屍身，沉沒的船隻，火山的灰土等等的正確地結合在那凶猛的情形中。必須有法國一個國家，還要它必去開拓馬提尼克（Martinique）做殖民地。必須有我們這個國家，有我們派遣船隻到那地方。若上帝的目的，在於火山爆裂的結果，那麼一世紀一世紀地趨向那結果的方法，指示出絕大的智慧。凡歷史上、自然界上，我們所見實現的各事情，皆可作如是觀。事物的部分，必定常發生確定的結果，無論混亂的，還是諧合的。當我們看了結果，那發生這結果的種種條件，看來常像完全安排好來維持它的。因此我們可說，不論在哪個可想像的世界中，這世界不論有哪種可想像的性質，那完全宇宙的機械，**也許**是曾有意匠的，安排好去產出它的。

從實用主義上說，這「意匠」的抽象名詞是一個無彈藥的子彈。它不生效果，不做事情。要問是**什麼**意匠，**什麼**樣的意匠者，才是嚴重問題，要得一個近似的解答，只有研究事實一個方法。未得解答以前——從事實上解答，是很遲緩的——有人堅持說，有一個意匠者，說那意匠者是神聖的，那人也從這名詞中得到些實用的利益。這利益同我們在「上帝」、「精神」、「絕對」等名詞上所得的一樣。「意匠」這一個名詞，若當作事物以上或以後的一個理性的定理，專讓我們羨慕，一無價值；若用我們的信仰去把它換成一個具體的、有神的東西，才是一個有希望的名詞。我們拿了它回到經驗裡來，對於將來的觀察就多了些信托。若事物不受盲性的勢力，卻受一個智慧的勢力的驅策，我們可以盼望更好的結果。這含渾的信托將來，是現在意匠和意匠者二名詞可察見的唯一意義。若宇宙的信托，是正當的、非誤謬的，較善的、非較惡的，是一個最重大的意義。這些名詞至少就含有那麼許多可能的眞理。

讓我再提出一個很老的辯論，就是**自由意志**（the free-will）**問題**。多數人信仰他們的自由意志，都照唯理派的樣子去信仰。自由意志是一個要素，加給人的一個積極的能力或德性，有了它，人的尊嚴就莫名其妙地增加了。信仰自由意志的，應該爲了這理由去信仰。那否認它的定命論者（determinists）[2]說，個人不能自己創造什麼，只能將全部過去的宇宙推動，傳給將來。他們這樣說，是減少了人生。人除去了一個創造的要素，沒有以前可欣羨了。我想諸君中總有一半人和我一樣，對於自由意志有本能的信仰，且羨慕它是一個尊嚴的要素，對於我們的忠信有很大的關係。

自由意志的問題，也曾經存在於實用主義上的討論上；很奇怪地，這問題兩面的爭論者，都用實用主義的解釋。你們知道，在倫理學的辯難裡，「負責」問題占怎麼大一個部分。有好多人以爲倫理學的目的是編定一個功與罪的法典。他們抱定老的法律與神學教訓，對於犯罪與懲罰產生興趣。「誰應任咎？」「我們能罰誰？」「上帝將罰誰？」這些先有的觀念懸在人類宗教歷史上，像一場惡夢般。

自由意志論與定命論在彼此仇敵眼裡都是沒意思的，都將善事或惡事做了，不能歸功或歸咎於它的作者。很奇怪的矛盾！自由意志的意義，是在過去上接了一個新事物，在過去裡沒有包含的。自由意志論者說，若我們的行爲是前定的，若我們只能傳導全部過去的推動，我們怎好爲了所做的事而受毀譽呢？我們自己不是主體，不過是機械，這樣講，哪裡還有什麼歸咎與負責可言呢？

定命論者駁他道，若我們有了自由的意志，這歸咎與負責又在哪裡？若一件自由的行爲，是完全一個新事物，不從以前的我而來，不過附加在我上，怎麼可以令我，以前的「我」來負責呢？這「我」又怎樣能有永久的性質來受這毀譽呢？人生好像一串珠子，內部必然的線，給乖謬的非定命主義抽掉了，就散下來成爲一粒一粒不相銜接的珠子。富勒頓（Fullerton）和麥克搭加（Mc Taggar）近時主張這樣的論證是最有影響力的。

這種論據，或者是好的對人立論式（ad hominem），否則是可憐的。無論何人只要有「實在」的感覺，不應覺得羞愧來主張這個尊嚴或負責的要素嗎？他們的本能（instinct）和實力（utility）就可以很安穩的靠托了去從事那獎勸懲戒社會的事務。一個人做了好事情，我們稱讚他，一個人做了壞事情，我們懲罰他——這是當然的。這與行爲是前定或新加的理論不相關。要把人類倫理學的根本放在功績（merit）的問題上，是很可憐的不實在——如我們能有什麼功績，只有上帝知道。假定意志自由的實在根據，在實用上。它同過去討論中懲罰的權力問題沒有關係。

在實用上，自由意志的意義是**世界中新事實**（novelties in the world），是我們一種權力，在它最深的分子裡與表面現象裡，我們可以盼望將來不是復現或模仿過去的。模仿的全體，是在那裡，誰能否認？每個較小的定律，都預先假定自然界的一貫。但是自然界的一貫也許不過是近似的。知道世界的過去，因而產生一種悲觀（或對於世界的善的性質的懷疑）的人，當然歡迎自由意志論，當他是一個**改善的淑世的主義**（melioristic doctrine）。這種主義，至少說進步是可能的；若定命論則堅持我們可能性的觀念，是人類愚昧所產生，世界的運命全受必然性與不可能性的主宰。

這樣看來，自由意志也是一個有希望的宇宙論上的學說，和「絕對」、「上帝」、「心」或「意匠」是一類。抽象地看，沒有一個名詞有內容。在一個自始便是全善的世界裡，沒有一個名詞能留最少的實用上價值。若世界已經是快樂的惰鄉了，單是生存上的跨足、純粹的宇宙的感情和愉悅，可以消殺這些思辨的興味。我們在宗教玄學裡的趣味，本就因爲覺得我們經驗到將來不安全，需要一種較高的保證，才有的。若世界的過去與現在是全善的，誰盼望它將來是不一樣的善？誰還渴望自由的意志？誰不願像赫胥黎一般說「讓我每天如時針一般開足了，定命地向前走，我不要求更好的自由了？」在一個已經完全好的世界裡要有自由，那自由只能是趨向**不好一些**的自由，誰的頭腦不健全到那樣去希望它？若事物是必然的，那麼樂觀的宇宙的完全，已到了最後一步了。一個人所能合理要求的可能性，是事物趨向**好些**的一個可能性。那個可能性，我不必說，在實際世界裡有許多根據，可以令我們願望的。

自由意志，除了是一個救助的主義，其他並沒有意義。它在別的宗教主義中占一地位，爲了它是救助的主義。那些宗教性的主義，都是要從建築舊的廢址，補修舊的破敗。我們的精神，關牢在一個感覺經驗的院子裡，常常對那高塔上的智識說：「看守的人啊，你若望著夜裡帶著有希望的物事，告訴我們啊！」智識就拿這些含有希望的名詞說給它聽。

除了這個實際的意義，這些名詞，如上帝、自由意志、意匠等，沒有別的意義。從唯智派的說法，這些名詞自身雖黑暗，但是當我們帶它們到生命的密林裡去，這黑暗在**那裡**能給我們光明。你若以爲單得到它們的定義，便算得到了智識的結局，你便怎麼樣呢？很呆笨地望著一個誇大的虛僞！「上帝是實在，是自身存在的，是超越萬物以外以上的，是必然的、一個的、絕對全善的、簡單的、究竟不變的、大的、永遠的、智慧的」等等，這樣一個定義，有什麼教訓呢？這些形容詞沒有意義。只有實用主義能讀一個積極的意義進去，且一些不取唯智派的觀察點。「上帝是在他的天上，世界是很好的！」——那是你的神學中心，用不著唯理派的定義。

爲什麼我們大家——唯理主義家和實用主義家，不承認這個呢？實用主義，並不如人家責備它的，專向著最近的實用地方，也望著世界最遠的配景。

試看這各種最後的問題，如何在它們的樞紐上旋轉；怎樣從向後看的原理，看著一個知識論上的我（Erkenntnistheoretische Ich）、一個上帝、一個因果要素

（Käuaslitätsprinzip）、一個意匠、一個自由意志，作爲在事實以上嚴重高尚的東西——實用主義卻轉移了注重點，向前看著事實的自身。實在重大的問題，是這世界將成什麼的世界？生命到底自己造成什麼？哲學上的重心，所以應當移改它的地點。事物的塵世，給天空的榮威遮住久了，現在必須重享它的權力。這樣的移置注重點，意思就是，哲學問題的處理，應用一個更科學的、更個別的心，不像從前的抽象，卻也不是完全沒有宗教性。這樣「權威所在點」的改換，令人想到從前基督教的革新。從舊的教皇派看來，新教是一堆的紛亂；從哲學裡極端的唯理派看來，實用主義無疑也是這樣。他們看著實用主義，是哲學上的廢物。但是在新教國家裡，人生也一樣地長進，一樣地獲得它的目的。我冒著險想，哲學上的新教，也要獲得同樣的勝利呢。

◆注釋◆

【1】又譯經院主義、經院哲學。——編校者

【2】今譯為決定論者。——編校者

第四篇　一與多

我們在上篇裡說實用主義的方法，處理各概念時，不是羨慕地默想就算了，是要拿了這些概念，奔赴到經驗流裡，用了它們做方法，去延長觀察的範圍。意匠、自由意志、絕對的心、精神，它們的唯一意義，在世界結局有更好的希望。不論它們是眞是假，它們的意義就在這淑世主義。我有時想，光學裡一個現象，名爲「完全反射」（total reflexion），是實用主義所想的抽象觀念與具體實在關係的好符號。拿一個盛了水的玻璃杯，舉起比眼稍高些，經過那水望上看著水面——或用玻璃缸，照樣地經過玻璃去看水面更好——你就看見很明亮的一個反射影子，這影子或是燭光的火焰或是杯子那一面別的清楚的事物。在這種情形下，沒有光線能經過水面，每個光線都是總體的反射到水裡。讓水代表可感覺的事物的世界，讓水上的空氣代表抽象觀念的世界。兩個世界自然都是實在的而交互動作的。但是它們的交互動作只在交界的地方。現在我們經驗所達到的，各種生活的或給我們遇著的事物之所在點是水。我們像魚，游在感覺的海裡，上面有較高的分子（空氣）限制著，但是我們不能完全呼吸它或穿過它。我們從它得著氧氣，不停地接觸它，一會在這部分，一會在那部分，每次接觸了仍舊回到水裡，我們的進程重決定了，重積力了。空氣所代表的抽象觀念，是生命不可缺少的，但是它們自身不可呼吸，只在重行指導的機能中活動。各種直喻（similes）都是跛形的。這一個我卻喜歡用它，因爲它指出怎樣一件事物自身不足供給生命的用處，卻可在別的地方做生命有效力的決定者。

在這一篇裡，我願意再舉一個實用主義方法應用的例子。我願意放它的光，去照在那「一與多」（the one and the many）的老問題上。我想你們之間爲了這問題而晚上睡不著的人很少，就是有人告訴我，說他從來沒有爲這問題煩擾過，我也不以爲意。我自己呢，默想了好久了，覺得它是一切哲學問題中最核心的一個問題，最中心的是因爲含義最多。我的意思是，若你知道一個人是堅決的一元論者，或堅決的多元論者，你大概就知道他其他的意見，比你叫他別的「論者」（ist）總知道得多些。信仰一或信仰多，是最多實效的分類。所以這一點鐘，我要試著以我自己對這問題的興味來感動大家。

人家常給哲學一個定義，說哲學是世界的統一性（unity）的尋求或發現。對這定義抗議的人很少，照這樣講原本也不錯，哲學在統一性上的興趣，超過其他諸事物上的興趣，是很顯明的。但是事物裡的繁多又怎麼樣呢？那倒沒有什麼大的矛盾。只要把哲學一個名詞，改成我們的智識同它的需要，我們立刻就可以看出統一性不過是需要中之一。偉大智慧固然能把事實匯別系統，卻也要能知道事實的各細目。一種有大辭書般的學問的人同你的哲學家一樣受人稱道的。我們智識實在所求的，不是繁多，也不是統一，乃是**全體**（totality）。參看**A. Bellanger**[1]所著的*Les Concepts de Cause et L' activité intentionelle de l'esprit*[2]，第七十九頁。在這裡面，實在的繁多知識和它們的關係的理解，一樣重要。好奇性與系統的欲望相輔而行。

這雖是很明白的事實，事物的統一性總比它們的繁多更覺顯著。一個少年，起初想像這全世界構成一個大事實，同它各部分的並進和聯絡；想到了這個觀念，如得了什麼大識見，很自滿的，看了那些沒有得到這宏大概念的人，很有些傲慢。一元的見解，抽象地說來，十分含渾，好像不值得什麼智識上的辯護。然而在座的人中，也許每個人都抱著這個見解，不過形式不同罷了。一種抽象一元論，一種感情上的反應對於世界一性，覺得和眾性不相聯屬，很優美、很超越的，這樣的觀念在有教育階級中很盛行，可以說是哲學常識的一部分了。我們說，世界自然是一元的。否則怎能還是一個世界呢？平常經驗主義家，篤信這樣抽象的一元論，和唯理主義家不同。

他們的區別是，經驗主義家沒有唯理主義家那麼眩惑。他們不爲了統一性，就對於別的都盲目了，他們對於特殊事實的好奇心，也不爲了統一性便消滅了。有一派的唯理主義家很神祕地解釋抽象的統一性，爲著它忘了各種別的事物，當它爲一個定理，去羨慕它、崇拜它，得到了它，如得到了知識上的最終點。

「世界是一元的」——這個公式可以成爲一種數目崇拜。「三」與「七」是曾作爲神聖數目的；但是抽象地講，爲什麼「一」比「四十三」或「二百萬零十」較優美些呢？在這世界是統一的最初含渾的信念裡，我們捉摸不到什麼，我們幾乎不知道我們當它什麼意義。

要去明白那觀念，只有從實用主義上去處理它的一性。假定這一性存在了，在效果上什麼事實便有差別？這一性怎樣可以知道？世界是一——是了，但是怎麼樣的一？這一性於我們有什麼實用上的價值？

提到這些問題，我們便從含渾趨向明晰，從抽象到了具體。我們就可以看有許多樣方法，那世界的一性，能發生一個差別。我把那更顯明的幾樣陸續說出來。

（一）世界至少是一**個推論的主題**。若世界的多性，十分確定，不容許它各部分有什麼聯合，就是我們心裡，也不能一刻有全部的意思：那眾多部分，如望著相反方向的眼睛。但在事實上，我們用這種抽象名詞如「世界」、「宇宙」等，明示不漏一部的意思，我們的確是概括全部而言的。這樣討論上的一性，並不含其他一元的意義。一個「渾沌」，也和「宇宙」一般有討論上的一性。若多元論者說：「宇宙是眾多的」，一元論者偏以為自己已得了一大勝利。他們笑著說：「你說宇宙嗎？你的語言已泄漏了自己。你從自己嘴裡承認了一元論了。」沒有錯，讓世界是一到這程度。你可以把「宇宙」一類的字，去指事物的全部集合體，然而有什麼關係呢？事物的一性，能超過這程度與否，能含更有價值的意義與否，依舊還沒有決定。

（二）譬如問，事物是**繼續的嗎**？你能從一事物移到他事物，常在你的一個宇宙範圍裡，而沒有超出它的危險嗎？換句話說，宇宙的各部分是像分散的一粒一粒的沙嗎，還是**團聚**的？

就是一粒粒的沙，埋在一個空間裡，也還是要團聚的。你如能在這空間裡行動，可以繼續的從一粒到他粒。空間與時間，是世界各部分所團聚的繼續性的媒介。從這各種聯合所得的實際上差別很大。我們全部動的生命（motor life）的根本，即在其上。

（三）事物中還有無數其他實用上繼續性的途徑。它們因以聚集的誘導線（lines of influence）可尋得出來。循著這線，你可以從一事物移到他事物，直到你遍括了世界的大部分。在自然世界上，重力與熱的傳導都是這樣綜合的誘導。電的、光的、化學的種種導力，都循著同樣的誘導線，但是不透明、不活動的物體，是間隔繼續性的，你若再要前進，須繞過它們，或改換你進行的形式。在實用上說，那第一誘導線所組成的宇宙的統一性，你已經失掉了。

特殊事物與其他特殊事物有無數種類的聯合。它聯合的全部，就成爲事物所團聚的一個系統。人與人團聚，在一大「相識」的密網裡。布朗認得瓊斯，瓊斯又認得羅賓遜，如此類推；你只要選好了更遠的中間人，可以讓瓊斯帶一封信給中國的皇后或非洲的酋長，或任何一個居住在這世界上的人。在這試驗裡，若選錯了一個人，你就如遇著一個非傳導體似的停止了。所謂愛的系統，也接在這「相識」的系統上。甲愛（或惡）乙，乙愛（或惡）丙，如是類推。但是這些系統，比它們先有的大「相識」系統較小。

人類的努力，日日用更確定、更有系統的方法把世界統一起來。我們已有殖民的、郵務的、領事的、商業的種種系統；在各系統內，眾多部分循一定的誘導，這誘導單在那特別系統內流行，與系統外的事實沒有關係。結果是世界的各部，在較大的聯合以內，有無數個小聯合，在較廣的宇宙以內，不但在推論上，並且在動作上，有無數小世界。每個系統代表聯合的一種類或一等級，它的部分貫串在那種特殊關係上；而同一部分，可以出現在許多不同的系統裡，像一個人可以有幾種職務，或屬於幾個會社。所以從這系統的觀察點上來說，世界一性的實用上價值是這樣繁多的交錯密網之存在。有幾種包括多些，更寬廣些，有幾種包括少些，較限制些，它們一個一個的彼此層累著，中間不讓一個單獨的宇宙部分脫漏了。事物中的分解，其總量雖然大（因爲這些系統的誘導與聯合，依著極限制的途徑），而每個存在的事物，總受他事物的誘導、影響，只要你能正確尋出那路徑。廣泛地說，一切事物，不知怎樣，都彼此附著、彼此結合；而宇宙的存在，具有這麼交互聯絡的形式，成爲一個繼續或完整的事件。無論哪種誘導，你若一步一步的去尋，總能看出它助成世界的統一性。所以你可說「世界**是一個**」——意思是以有這些誘導爲限度。到了沒有這些誘導的限度，世界也就確定**不是一個了**；若你不選傳導體而選了非傳導體，沒有一種聯合可以永不失敗的。你遇著它就停止了，從那個特殊的觀察點，你就須說世界是**衆多**的了。若我們的智慧，對於世界分離的關係，也和對於它聯合的關係，有同樣的興味，哲學也定能同樣勝利地說明世界是「不統一」的。

這裡應注意的一點，是一性與多性絕對相等的。沒有一個是原始的，或比其他更必要些或優美些。正如空間，它的隔離事物與聯合事物正相等，有時一種機能，有時他種機能，使我們更關切些；我們與誘導世界的普通關係，也是這樣，我們一時需要傳導體，一時又需要非傳導體，我們的智慧正能知道在適合的時間，需要的是哪個。

（四）凡這些誘導或非誘導的系統，可以列在世界的**因果統一**（causal unity）問題之下。若事物中間較小的原因誘導，同歸向過去一個公共的較大原因，我們就可以說到世界的絕對因果的統一了。因襲的哲學上，上帝創造日的命令，就是這樣一個絕對的原因。超絕的唯心論，把「創造」翻成「思想」，說神聖行爲是「永遠的」（eternal）不是「最初的」（first），但是眾多歸一，仍是絕對，除非有「一」，不能有「多」。反於這萬物一元的觀念，有多元的觀念，以爲有一個永遠的、常住的、自性存在的多，或是物質的原子，各是各種精神的單位。這理論的兩端，無疑地，有個實用上的意義，但在這幾篇講演裡，卻未讓問題解決。

（五）從實用上講，事物中最重要的一種聯合，是它們種類的統一（generic unity）。事物依著種類存在。每個種類裡有眾多標本，這「種類」對一標本含什麼意義，也對同「種類」裡其他標本含同一的意義。我們雖能想像世界裡每個事實都是單獨的，都與一種類裡其他事實不相似的。但在這樣單獨事實的世界裡，我們的論理將毫無用處，因爲論理的應用，就靠著種類的眞，則單獨事例也眞的肯定。世界裡若沒有兩件事物能相似，我們便不能從過去經驗推論到將來經驗。所以事物裡有這麼多的種類的統一是「世界是一個」這句話最重要的實用上一條意義。若是有一個**總類**（summum genus），在它下面各種事物沒有例外，都包括在內，那就有絕對種類的統一了。**實在**（beings）、**可思議的**（thinkables）、**經驗**（experiences）等這類名詞，都預備占這總類的地位。這些名詞所表示的兩方面，是否有實用上的意義，又是一問題，我情願現在且懸而不斷。

（六）「世界是一個」這句話，還有一條專義，就是**目的的統一**。世界上有很多事物，歸入一個公共目的。凡行政上、工業上、軍事上，與其他種種人爲的系統，爲了它統御的目的各自存在。每個生物，各自營求它特殊的目的。它們也照著發展的程度，協助去營求集合的或部族的目的，這樣較大的目的，包括較小的目的，直等到各種事物，沒有例外地都是輔助一個絕對的、單獨的、最後的、緊急的目的。不必說，外象與這見解是牴觸的。我在第三篇裡曾說過，無論哪一個結果，也許是曾經預先安排好，但在事實上，我們知道世界上沒有一個結果，在它各節目中，是曾經預先安排好的。人與民族國家，起頭有富、偉大，或善的含渾觀念。它們每進一步，總望見未預料的機會，失掉已經有的舊景，普泛目的的專義須日日變換。末了所達到的，比原來所決定的或好些，或壞些，總是更複雜的、不同的。

我們自己不同的目的也彼此競爭衝突。一個目的不能推翻其他個，它們就互相調和；然而結果與以前的目的都不同了。以前所決定的，也許含渾地普遍地達到了許多；但各事物很堅決地指示我們，我們的世界，在目的上只是不完全的統一，卻還在那裡要獲得更好的統一組織。

無論何人，要求**絕對的**目的統一，說有一個目的，宇宙裡什麼條目都是輔助它的，這樣的人，冒了一個獨斷式的推論的危險。神學者這樣獨斷的，當我們對於世界各部分利益衝突，愈有具體的理解，他們對於那一個重大緊急的目的是什麼，也愈不能想像。我們誠然看見有幾種惡是有用於後來的善的；苦的使甘的更好；我們遇著一些危險艱難，便能使我們努力來奮鬥。我們能含渾的概論，說宇宙所有的惡都是造成它更大的善。但是實際上呢，惡的度數，現於目前的這樣高，簡直拒絕一切人類的容忍：布拉德雷和羅伊斯書裡超絕的唯心論，比起舊約的《約伯書》，並沒有給我們更合理的解釋——我們還是覺得上帝的行爲不是我們的行爲。一個上帝，能喜歡這樣恐怖的剩餘物，就不是我們人類所能告訴的一個上帝。他的動物性太多了。換句話說，有一個目的的絕對，不是平常人人性的上帝。

（七）事物裡也有**美的統一**（aesthetic union）和目的的統一很相像。事物講一個故事。它們各部分貫穿起來，好像構成故事裡的一個最高點。它們彼此互用得很有意味。回顧起來，在一串事情裡，雖看不出確定目的在中間主持，這些事情卻自成一個戲劇的形式，有開場，有中段，有結束。然而事實上，一切故事都是結束的；多元的觀察點，在這裡又自然些。世界充滿了部分的故事，彼此平行，在單零的時候，自爲起訖。它們自然有許多點交互錯雜，彼此組合，但是我們不能在心裡完全統一它們。要講你的生活歷史，我一定暫時須轉移我的注意，從我自己的歷史到你的歷史中。就算是兩個孿生的兄弟，寫他們傳記的人，也須更迭地催促其他讀者的分別注意。

所以無論何人，說世界只講一個故事的，說了一個一元論的獨斷信條，那麼去信仰它是冒險的。世界的歷史從多元上去看，是容易的，像一條繩子，其中每個纖維都各講述一個故事；但是要去把繩子的橫截面，看作單獨事實，又要將完全縱貫系綜合成一個存在，有一個不分離的生命，是較難的一件事。我們還可以借助於胚胎學的譬喻：現在有一個胚胎，顯微鏡學者雖做了一百個橫截面，在思想上仍將它們聯合成一個全體。這大世界的分子，只要是存在，都像繩子的纖維，是不連續的、橫截的，不過在縱系上聯合。從那方面看，它們是眾多的。就像胚胎學者，研究胚胎的發育，也須將每個單獨機能的歷史做分別的敘述。這樣說，美的統一又是一個抽象的理想了。與其說世界像戲劇，不如說它像記事詩。

照以上各節看，世界是受眾多系統、種類、目的、戲劇統一的。在這各項上，實在有比形態上更多的聯合，也是眞的。說世界也許有一個統治的目的、系統、種類、故事，也是一個合法的假設。我所要說的，是現在一切證據還不夠，就去獨斷地肯定，的確太魯莽了。

（八）一百年來最大的一元論理想，是一**個知者**（the one knower）的觀念。眾多（the

many）的存在，不過是他的思想對象——好像存在於他的夢裡；照他所知道的，它們有一個目的，即構成一個系統，給他講一個故事。這包羅萬象的知的統一（noetic unity）的觀念，是唯智派哲學最偉大的成績。信仰絕對——那泛知者的名詞——的人常說，他們信仰，因爲有迫壓的理由爲清楚的思想家所不能逃避的。此絕對有極大的效果，我在第二篇裡說起幾端。它若是眞的，一定有許多種重要的差別發生。這樣「實在」的存在之論理上證據，我在這裡不能細述，只能說我放眼望去沒有一個是正當的。因此這「泛知者」（all-knower）的觀念，我只能將它作爲一個假設，和多元論的觀念，以爲宇宙內容沒有一個智識的中心，在論理上正平等。羅伊斯教授說：「上帝的良心，在他的全善中成爲一個光明的有意識的時間」——這是唯理主義堅持的知的統一的一種。經驗主義卻只要人性上熟悉的一個知的統一性就滿足了。每個事物的被知，必有一個知者同別的條件；但是這知者無法減少地眾多的。這些知者中最大的一個，未必能知每事物的全部，或一刻便能知他實在所知的。他也會忘卻的。以上兩種知的統一，不論得到哪一種，世界在知識上還是一個宇宙。它的部分還是以知識聯絡起來。不過在一種裡，這知識是絕對統一的，而在他種裡，這知識是貫串的交覆的罷了。

一個立時的或永久的——這兩個形容詞，在這裡有同樣的意義——知者的觀念是唯智派哲學最大的成績，我已說過了。這觀念將以前哲學者所尊重的「本體」概念不啻掃除了。以前人家用「本體」這個名詞去做許多統一的事務——普遍的本體，是在自身內與從自身有存在的，經驗的各項不過是它的形式，不過給它贊助。經過英國學派實用上的批評，本體也屈服了。現在用這名詞，現象地來看不過像在說，實在是歸類的，是具聯合的形式，而這些形式，就是我們有限的知者所聯合經驗或思想的。這些聯合的形式是經驗組織的部分，正如那些部分所連續的名詞。近時的唯心論，能使世界聯合，有這些直接可表示的法子，不似從前用那不可想像的原理，說世界的統一，是它部分的「內附」（inherence），這眞是近代唯心論實用上的一大成績。

所以「世界是一個」，以我們經驗著它的聯絡爲度，看見有許多確定的聯合，它是一個。看見了有許多確定的不聯合，它也就**不是**一個。一性與多性，這樣尋得的是在各方面裡不能分別一個一個地指出它的名詞出來。世界不是純粹的一元宇宙（universe），也不是純粹的多元宇宙（multiverse）。它的一性的種種形狀，要精確考量起來，指示我們科學事業上許多種明晰的程序。實用的問題，如「我們所知的一性是什麼？一性能發生什麼實用上的差別」，使我們不致於看了高遠的理想，就逞著狂熱的激動，去承受它，卻用一副冷靜的頭腦，向經驗流裡去探索。這經驗流也許顯示出更多的聯合與統一，爲我們前此所沒想到，但是照實用主義的原則，我們決不能預先要求絕對的統一性。

絕對的統一性有什麼確定的意義，不容易理解。大概多數人對於我們所達到的沉靜態度也滿意了。不過在座的人中，也許有幾個具有根本上一元論的思想，不肯讓一與多站在平等地位上。以上所說各等級的統一，各種類的統一，遇著非導體便停止的統一，或是只能有表面的連續而沒有內部的束縛之統一，總之，聯絡的一種統一，這些話你們看起來還是半段的思想。事物的一性，在它多性之上，一定也有更深的眞理，一定是世界更實在的狀態。實效的見解只給我們一個不完全的合理宇宙。實在的宇宙，一定要成爲一個無條件的存在單位，一個固結的東西，它的各部分是完全交互錯綜的。如此，我們的世界才好算完全合理。

無疑地，這個過度的一元論思想於許多人有很大的意義。「一個生命、一個眞理、一個愛、一個原理、一個善、一個上帝」——我引用今天郵局送到的基督教科學的一本小冊子的話——這樣的信條，有實用上一個感情的價值無疑，其中的「一」字與別的字有同等的價值，也是無疑的。但我們若用智識去實認這「一」的意義，我們仍須回到實用主義上去決定。這「一」的意義，或專指一個推論主題的宇宙；或指可以考定的聯合與接續的總體；或指聯合的一種包羅萬象的媒介，如一個本源、一個目的、一個知者。但事實上，今日從智識上求「一」的人，常指著一個知者說的。他們想，一個知者，包括各種聯合的形式。他世界的各部分，必定是交互錯綜，成爲一個論理的、美的、目的的單位，這個單位是他永遠的夢。

絕對知者的性質，我們不能明白表示出來，我們假設那絕對一元論所有的權力，不是從智識來，而是從神祕主義而來。要好好地解釋絕對一元論，你須先成爲一個神祕主義家。從歷史上看，神祕的思想常發生一元的理解。這時不能詳說神祕主義的普通問題，但我要引用一段神祕的學說，來證明我的意思。一元論系統的模範，要推印度的吠檀多（Vedànta）哲學。吠檀多哲學宣傳者的模範是維韋卡南達氏（Swami Vivekananda）。他幾年前到我國來遊歷過。吠檀多哲學的方法是神祕的方法。你不須推理，不須思考，只要經過了一定的訓練或修養，自能悟見，悟見了就能報告眞理。維韋卡南達自己在一篇講演裡報告眞理道：

一個人領悟了這宇宙的一，生命的一，各事物的一，哪裡還有什麼煩惱痛苦？……人與人的分離、男與女的分離、長與幼的分離、國與國的分離、地球與月的分離、月與日的分離、原子與原子的分離，這是眾煩惱的原因，吠檀多說，這個分離是不存在的，不實在的。這不過是表面的現象。事物裡面，還是一體。你若探它的裡面，就見人與人、婦人與孩兒、種族與種族、上與下、富與貧、神與人都是一個，你再探深，就見人與畜生也只是一個，到了這境界，幻想都沒有了……哪裡還能有幻想？誰能幻想？他了解了事物的實在、事物的祕蘊。他哪裡還有煩惱？他欲望什麼？他已經尋得事物的實在，到了無上，到了中央，那是各事各物的一性，是究竟安樂，究竟知識，究竟存在。死亡、疾病、憂愁、煩惱、不滿足，一些沒有。……在這中央，在這實在裡，沒有人要我們悲哀，沒有人要我們愁苦。它已貫徹了萬物——它是純潔的一，無形式、無體象、無汙垢，它是知者，它是大詩人，它是自我存在的，它是給各人所應得的。

看他這一元論的徹底性質。分離不但被一性戰勝了，簡直否認分離的存在，沒有眾多。我們不是一的部分；它沒有部分。我們既然是存在的，我們每人都是一，不可分的、總體的。**一是絕對，我就是那個一**。這樣從宗教，從情緒上說，有很高的實用價值；它給人一個完全的平安。維韋卡南達氏又說：

當人悟見了他自己和宇宙的無限存在是一，當一切分離都滅了，當諸男子、女子、神仙、動植物、全宇宙都融化爲一了，這時一切恐怖也都消滅了。恐怖誰？我會損害自己嗎？我會殺傷自己嗎？你恐怖你自己嗎？這時一切悲苦也消滅了。什麼能使我悲苦？我是這宇宙的一個存在。這時一切嫉忌也消滅了。嫉忌誰？我嫉忌自己嗎？這時一切惡感情也消滅了。我對誰有惡感情？對我自己嗎？宇宙間沒有別人，只有我……除去人我的分別，就除去有眾多的迷信。「在多性的世界中，能見那一性的人；在無情的眾庶中，能見那一個有情的存在的人；在這夢幻的世界中，能尋得那實在的人，只是他有平安，別人沒有，別人不會有。」

對於這種一元論的音樂，我們大家都是知音，它提高人生，它奮發人生。我們至少各人有這神祕主義的種子在裡面。當唯心主義家敘述他對於絕對的論證，說：無論何處，承認有一點最小的聯合，就在論理上承認絕對一性；無論何處，承認有一點最小的分析，就在論理上承認完全分析。我總懷疑他們思考的弱點，之所以不暴露出來，是因爲有一層神祕的感情保護著，覺得合論理又不合論理，無論怎麼犧牲，絕對的一性必須說是眞的。一性無論怎樣，都能勝過道德的分離。在愛情裡，人人都有諸多有情生活的總聯合的神祕種子。我們聽了這一元論的議論，這神祕的種子就反應了，承認了它的權力，把智慧上的關係置於第二層了。

在這篇裡，我不再多講這問題在宗教上與道德上的諸多方面。在末篇裡，我還有許多話要說。

現在姑且不論這神祕的理想所假設的權力，將這一與多的問題純粹用智識上方法來解決，我們就明白實用主義所立的地位了。用理論發生什麼實際上的差別做爲標準，我們就看見它對於絕對的一元論與絕對的多元論一樣是拒絕的。世界的各部分，有確定地聯絡而集合起來，依這個爲量度，世界是一元的。這確定的聯絡沒有了，依這個爲量度，世界是多元的。最後，因爲人類的努力，構造的聯絡系統愈多，宇宙也日趨於統一。

除了我們所知的這宇宙以外，我們能想像別的宇宙，含有各等級各種類的統一。宇宙最低的一級，或者是一個簡單的相連世界。它的各部分不過用接續詞「與」聯絡起來。我們各個的精神生活之集合還是這樣的宇宙。我們想像的空間與時間、我們幻想的目的與事情，不但彼此並不結合，也和別人心裡同樣的內容有著不確定的關係。我們各幻想，彼此不相影響，不相干涉，只是惰性的錯綜。它們同時存在，不過沒有次序，沒有容受器，與絕對的眾多相近。它們爲什麼要一塊兒被人知道，我們想像不出那理由；若它們是一塊兒被人知覺，怎樣可以給人知道是一個有系統的全體，我們更想像不出那理由。

但是加上了我們的感覺與身體上之動作，這統一就到了更高的一級。我們的聽覺視覺與動作，歸入時間與空間兩個容受器，每件事情都有它的時間與地點。它們成爲「事物」，有「種類」，且可以分析。不過我們仍能想像一個事物與種類的世界，裡面沒有原因的交互動作。每個事物對於其他事物是惰性的，不傳播它的誘導力，或只有機械性的誘導，而沒有化學性的動作。這樣的世界比我們的世界更不統一，或者有了完全的自然的化學性交互動作，而沒有精神生活；或有了精神生活，而單是各人私自的，沒有社會的生活；或社會的生活限於「相識」而沒有愛；或有了愛，而沒有習慣制度去規範成系統。這種種的宇宙階級裡，雖然從較高的往較低的看時，是劣等的，然沒有一個可以說是絕對的不合理或分離的。假如我們的心能有精神感應的聯絡，彼此能立刻知道各人想的是什麼，到了那時，看現在所生活的世界，又覺得它是劣等的了。

拿過去無量時期，供我們層層地推想，我們似乎可以假設這宇宙蛻化各種類的統一，與人類適應它的需要而蛻化種種系統差不多。這個假設若是合法的，則總體的一性，不現於事物的起源，卻要現於事物的終了。換言之，「絕對」的觀念應以「最後」（ultimate）的觀念代之。兩個觀念的內容是一樣——就是事實的最大統一的內容——不過它們的時間關係恰相反了。參閱席勒：《人本主義》（*Humanism*），第二〇四頁。

宇宙一性的問題，經這番實用主義的討論以後，諸君應當知道爲什麼我在第二篇裡引用我的朋友巴比尼的話，說實用主義可以柔和我們的理論。主張世界一性說的人，大概不會抽象的肯定，誰懷疑就是瘋癲。一元論者的氣質這樣強烈，他那堅執的態度與合理的討論和差別的分析不相容。絕對的學說，更是一種獨斷的限制信條。存在的統一、知識的統一，既是論理上必要的，以相互的必要，範圍聯合許多較小的事物，那種內部的嚴密怎麼可以容許一些減少呢？多元論最小的疑惑，一部分從總體束縛上最小的分立，就可以破壞這絕對的一。絕對的一不容程度──一杯水只須有一個霍亂疫的細菌，就不可能要求絕對的清潔。一部分的分立，無論怎樣小，它的害絕對猶如細菌的害水一般。

多元論不取這獨斷的嚴密的氣質。只要承認事物中有一點分離、一點獨立，各部分有一點自由行爲，有一點新發生的事或機會，無論怎麼樣細微，多元論就滿足了，就是有實在的統一，無論怎麼大，它也肯容認的。這統一的量也許非常巨大，但是只要有一些分離的痕跡沒有化掉，絕對的一元論就破裂了。至於究竟統一的量數有多大，是一個問題，須從經驗上解決，也不是憑空可以爭執的。

事物中到底有多少統一與分離，須從經驗上決定，未決定前，實用主義必須附於多元論的一方面。實用主義也承認總體的統一，一個知者，一個起源，一個固結的宇宙，這樣假設，有一日也許可以成爲最可以承認的一個假設。未到那時之前，我們卻須誠意地採取那相反的假設，也就是說，世界仍未能完全統一。這個假設是多元論的主張，絕對一元論，不許人家嚴重去討論這主義，不許說它自始便是不合理的。實用主義要遵循多元論的經驗的途徑走，顯然不能不背著絕對一元論而行了。

這個讓我們到了常識世界，在這個世界裡，一部分事物是聯合的，一部分是不聯合的。「事物」與它們的「聯絡」，在實用上有什麼意義？在下篇裡，我要將實用主義的方法，應用於哲學思想上常識的一階級。

◆注釋◆

【1】今譯為貝朗熱。——編校者

【2】今譯為《原因的概念及精神的有意識活動》。——編校者

第五篇　實用主義與常識

在上篇裡，我們捨棄了平常所說宇宙的一性，而趨向宇宙所現各種特殊的聯合研究。我們看見，各種聯合與同樣實在的數種分離是存在的。每種聯合與每種分離問我們的是：「我被證實到什麼程度了？」我們若是良好的實用主義家，我們應趨向經驗，趨向事實。

絕對一性仍留在的，不過只可作爲一個假設。現在那假設常歸於一個萬知的知者，萬事萬物從他看來沒有例外，都可成爲一個單獨有系統的事實。但是人對於這知者，還有兩種看法：或看作一個絕對，或是一個最終。這兩種知識者的反面也有一個反假設說，知識無論怎樣廣大，總含有幾分愚昧；事實的幾點，總可容許遺漏。這樣的反假設也可以合法地主張。

這是**理性上的多元論**（noetic pluralism）的假設，一元論者所認爲妄謬的。在事實沒有證明它是妄謬以前，我們必須把它和一元論一樣地尊重對待：我們的實用主義起初雖不過是一種方法，卻強迫我們對於多元的理解要有友好的態度。世界的部分，或者同別部分不過很寬廣地被一個接續詞「與」聯絡起來。它們或者可以來去自由，而別的部分可以不因其受內部的變換。這個多元的理解——世界是**加添**的、構成的——是一個理解實用主義經嚴重審議之後所不能廢棄的。但是這個理解引導我們進入更深的一層假設，就是實際世界不是永遠的完全，如一元論者所堅持，乃是永遠的不完全，隨時可以增加或損失的。

無論怎樣，世界在一點上是不完全的。我們對這問題的辯論，就顯出我們的**知識**在現在是不完全的，是可以加添的。從它所包含的知識上看，世界的確正在變換與增長：我們先泛論我們知識怎樣去完成它自己，這就可以引導我們到本篇的題目「常識」（common sense）上去。

知識是一點一點地增長的。這些點可大可小，但是知識決不會全部都長成了：有些舊知識總存留在裡面。譬如你們關於實用主義的知識，現在是增長的。將來這個增長，也許能大大改變你們以前所以爲眞的意見。這個改變是逐漸的。舉最近的例，就拿我的講演來說。你們聽我講演，起初所得的，大概是一小部分的新事實，幾個新定義，或區別，或觀察點。當這些特殊觀念加添上去的時候，其餘的知識仍存在不動，逐漸地你將以前的意見和我所灌輸的新意見一起排列，略爲改變了那知識全部，這改變的幅度是極小的。

我假定你們聽我的講演，都有信任我的能力的一個先有意見，這先有意見對於你們承受我所說的話的態度很有影響。我在講演中若忽然中輟了，用低音唱起We won't go home till morning[1]來了，這件新事實不但一定要加添到你的知識上，並且要迫你改變對我的信托或對實用主義哲學的意見，總之要迫你重新排列的意思。在這種變化中，你的精神很疲勞，有時是苦痛的疲勞，一方有舊信仰的壓迫，一方有經驗所得的新事實伸張。

我們的知識一點一點的增長，這些點如油漬的點一般，是會散布的。但是我們不讓它們散布，我們要保留我們的舊知識、舊信仰、舊成見，愈多愈好。我們專事修補舊的，不大肯改換新的。新的浸透了、玷汙了舊的，但是它也被所吸收的沾染了。舊的來統覺、來協同，在學問過程每前進一步所達到的新平衡裡，新事實很少發生。加添上去的，當是燒熟了或在老的醬裡煮過了再放進去。

這樣說，新眞理是新經驗與舊眞理聯合的結果，且交互變換。既然這是今日意見改變的方法，沒有理由說歷來的意見改變不是一樣。從這點推論，可知很古老的思想形式，雖經後來者的意見而改變，至今卻還有存在的。最原始的思想方法，也許還沒有完全鏟除。像我們的五指、耳骨、尾形附屬骨或其他原始留遺的特徵，爲我們人種歷史上磨滅不了的符號。我們的遠祖，在一時候或者構成幾種思想的法子，自己盡沒有知覺，但是一經構成了，那遺產傳授至今。你奏一闋音樂，用了一音鍵，就要用它到底。你有一所建築，你可以隨意翻造，可是第一個建築師的末層圖案不能變——你不能改一個哥德（Gothic）式禮拜堂爲一個多立克（Doric）式的廟宇。你洗一個藥瓶或酒瓶，你洗了又洗，但總不能完全去掉那最初裝的藥味或酒味。

我的論點是，**我們關於事物的思想的根本方法，是很遠的祖先所尋獲，經歷了後來時代的經驗，而自己保存的**。在人類思想進化中，它們是一個平衡的大階級、常識的階級。別的階級雖然連續上去，卻從來無法排除它。

在尋常談話裡，一個人的常識是指他好的判斷力，指他沒有什麼怪癖性。在哲學裡，常識的意義不是這樣。常識是指一神智識的形式或思想的範疇應用。假如我們是蝦、是蜂，我們的組織引我們去知覺經驗所用的形式，一定和我們現在用的不同。我們今日所不能想像的那種範疇，在思想上用來處理經驗，或者和我們實在所用的一樣便利（這個我們不能獨斷否認的）。

若是這個說來好像矛盾的，請想一想解析幾何學。歐幾里德（Euclid）用質性上關係去界說同一的圖。笛卡兒（Descartes）用它們的點和外加的縱橫線上的關係去決定它們的意義，結果是他運用曲線的方法絕對不同，且大有成效。我們的概念作用（conceptions），德國人稱爲Denkmittel（思想的用具），意義是我們因思想事實而處理事實的用具。經驗由自身來的時候，並沒有標誌和名稱，是要我們先去尋找出來。康德（Kant）所謂最初經驗，不過是一個Gewühl der Erscheinungen（現象的淆亂）、一個Rhapsodie der Wahrnehmungen（知覺的散漫）、一個混雜的東西，要我們用心思去把它統一。我們平常總先構造一個概念系統（system of concepts），在思想上分類了，有秩序了，用智識上方法聯絡了，然後用這個概念系統作爲所受印象（impressions）的一本對賬的簿子。每個印象指定它在這概念系統裡一個可能的位置，這印象就「了解」了。這個平行的複本，同著它的各分子的「一對一的關係」的觀念，常應用在現代數學及論理學上，而將較舊的分類概念作用漸廢止了。這樣的概念系統很多，感覺複本也是其中一個。給你的感覺印象，在概念中無論自哪裡尋出一個「一對一的關係」，你就能理解這印象了。各種概念系統你都能用來理解這些印象，也是很明白的。

舊常識理解它們的法子是用一套概念，最重要的如下：

事物；同或異；種類；精神；軀體；一時間；一空間；主體與屬性；因果的影響；幻想的；實在的。

從我們知覺（perceptions）的永遠無限的氣候（weather）裡，這些觀念給我們組織一個秩序出來：知覺若各個分開來看，是不遵什麼確定的規程的。「氣候」這個字這裡最合用。譬如在波士頓，那氣候幾乎沒有規則，所有的定律是你若有了一個氣候經兩天，第三天大概便有其他的氣候了。波士頓所有的氣候經驗是不連續的、混亂的。溫度、風、雨、日光，一天可以改變三次。但是華盛頓的氣候局要去知解這個混亂現象，將波士頓氣候的每個相續的變化作爲更大的變化中之一節。氣候局指定每個變化在大陸風系上的地位及時間，在這大陸風系的歷史上將各地方的氣候變化貫串起來，如珠子貫串在一條繩子上。

幼稚的小孩與下等的動物，對他們的經驗一定如沒有學問的波士頓人對他們的氣候一般。他們不知道時間、空間、永久的主詞與變換的實詞、原因、種類、思想、事物，也如平常人不懂大陸風系。一個嬰兒的小鼓從手中掉落了，這嬰兒是不會去尋覓它的。他想，這玩具走了，如燭光滅了一般；你把這小鼓放在他手裡，他看這玩具回來了，也如你再燃那一枝燭，而燭光再現一樣。它是一件物，它自身有永久的存在，你可以補插在相續出現的中間，這樣的觀念嬰兒顯然沒有；狗也是一樣。不見了，就不想了，他們沒有補插事物的趨向。讓我引我的同事桑塔亞那（Santayana）先生書裡的一段：

若一只狗正自足地各處嗅著，看見牠好久不見的主人來了。……這可憐的畜生，不問牠主人爲什麼去，爲什麼又來，爲什麼自己應該愛主人，爲什麼自己躺在他的腳旁，又忘了他而想到打獵——這種種都是完全神祕，完全沒思量過。這樣的經驗有變化、有景色、有種活潑的律動。牠的故事可用狂歌敘出來。牠的行動純恃靈感，每件事情是天機，每樁動作是意外。絕對自由與絕對孤立無助並列在一塊，全依賴神助，而那不可測的神力，又與自己生命無從分別。……但在那樣紛亂的戲劇中的人物，也有他們的上台與下台，能決定、注意、記憶前後事實次序的存在，仍能逐漸尋出他們的暗號。……這樣的了解愈進步，經驗中每時間愈有因果，愈可預卜其餘的經驗。生活中平靜的地方充滿了能力，奮發的時間充滿了計謀。沒有情緒能顛倒精神，因情緒的基本是看破的。沒有事情能錯亂精神，因爲精神的眼光是很遠的。最壞的境遇可尋方法去逃避。每個時間，從前不過充滿了自己的冒險與驚奇的情緒，現在卻容納過去的教訓而推測全部的計劃了。《理性之生命》（*The Life of Reason: Reason in Common Sense*）[2]，一九〇五年出版，第五十九頁。

至今科學與哲學，還是很勤苦地要將我們經驗中的幻想與實在分出來。在原始時代，它們所有的區別是很初原的。只要思想最活潑，人就信仰了，他們將夢幻與實在攪在一起。在這裡「思想」與「事物」的範疇最不可缺——我們有幾種經驗，不說它們是實在，單叫它們是思想。在以前列舉的諸範疇中，每個的應用，照這樣看來，都有一個歷史的起源，而逐漸推廣。

我們大家都信仰，每件事都有它的確定時日的一個時間，每樣物事都有它的確定地位的一個空間，這些抽象觀念統一世界的力量很大。但是它們完成的概念，與自然以及人廣泛無秩序的時間空間經驗又是怎樣不同啊！我們所遇各事物，各有自己的延長性（duration）與伸展性（extension），又含渾地圍著一個「更多」的界，直侵入第二事物的延長性與伸展性。不久我們就失掉所有確定的關係，不但小孩於過去全部攪成一團，分不出前日昨日，就是成年的人，時間一長，也是這樣。空間關係亦然。在地圖上，我能明白看見我所在的地方和倫敦、君士坦丁、北京的關係；在實際上，我完全沒有能感覺地圖所表示的事實。方向與距離是含渾的、錯雜的。宇宙的空間與宇宙的時間不是如康德所謂的直覺（intuitions），而是人爲的構造。大多數的人類永遠不用這些觀念，他們生存於眾多的時間與眾多的空間中。這些眾多的時間空間是交互穿插的，十分雜亂的。

永久的「事物」；「一樣」的事物同它各種「形相」與「改變」；事物不同的「種類」；種類用作「賓詞」，它的事物作「主詞」——這一連串的名詞指出我們經驗最近的流動與可覺的變化是如何從紛亂中分解出來。如此應用這些概念工具來分解的，還不過經驗流的最小部分。我們最下的遠祖，大概只能含渾用「一樣」的觀念。就是問他這「一樣」是否事物在不可見的空間歷久存在，他也未必回答得出來。他會告訴你，說從來沒有遇著這樣的問題，也從來沒有用這樣眼光觀察。

種類、種類的同一——都是分解眾多最有用的denkmittel（思想之具）。眾多或者可以爲絕對的。經驗或者可以純是單獨事項，沒有一項複現兩次的。但是在這樣世界裡，論理學將無從應用，因爲種類與種類的同一是論理學唯一的工具。只要我們已經知道一件事物屬一種類的，也屬於那種類的種類，我們就有了利器，可以環遊宇宙了。下等動物不能用這樣抽象的觀念，文明的人用它們的程度也各不同。

因果的影響——這也是一個遠古的概念。因爲我們看原始的人差不多想每個事物是重要的，能發生一種影響的。追究無論什麼疾病、災害或意外事變裡「誰或什麼是負責的」，乃是尋求更確定的影響開始。因果影響的尋求，從這中心點發展出去。休姆與科學都試著要完全排除「影響」觀念，而以「定律」觀念代它。但是定律是比較的一個新發明，在常識的舊領域內，影響仍是最高的主宰。

「可能的」——比實在少些，比完全不實在多些——又是常識的有力觀念之一。你盡可批評它們，它們依然存在。我們只要批評的壓力一輕，飛奔地回向它們。「自己」、「體」——在實質的或玄學的意義上——沒有人能逃避這些思想形式的束縛。在實用上，常識的概念是一致勝利的。一個人，無論怎樣有學問，總依著常識的方法，想一「物事」是一個永久的單位主體，支持著許多交換的屬性，沒有人誠實地用更批評的觀念，以為是一群感覺性質為一個定律聯合起來。我們用常識範疇去構成我們的計劃，以及聯絡我們經驗的較遠部分與較近部分。我們以後所得的批評哲學，比起這自然的思想來，反不過是幻想了。

這樣看來，在我們事物的了解上，常識是完全一個確定的階段，是一個非常能滿足我們思想目的的階段。事物是存在的，就算不看見它們的時候也存在。它們的種類是存在的。它們的性質——它們因而動作，我們因而運用它們的——也存在的。這些燈將它光的性質發射在這屋子裡各物體上。當我們拿一個不透明的幕遮住，我們便阻隔了它們放射的途徑。我嘴唇裡的聲音，直達到你們的耳朵裡。火的熱，傳到我們煮雞蛋的沸水中，我們能將一塊冰放在內，將熱變成冷。非歐洲的人種，沒有例外，至今還在這個哲學思想上的常識階段。生活的實用目的所必需的，不過這常識，就是我們人種裡，除了最高思辨的人，如貝克萊所謂中了學問的毒的人，常人從來對於常識都是絕對真的一層，不懷疑的。

我們試想一想，常識範疇怎樣得到它們無上的權力，我們就知道它們的勝利，或者與後來德謨克利特（Democritus）、貝克萊、達爾文等所倡導的概念得到勝利有同樣的歷程。在無史時一代，它們一定也經奇才被發現出來。這些非常人的姓氏，給荒渺的年代湮沒了，這些常識範疇，也許經當時人所經驗的最近事實證實，然後從這事實傳播到那事實，從這人傳播到那人，直到一切語言都根據它們，我們至今也不能用別的名詞來思想。我這個見解，不過照平常規則，假定大的、遠的，遵著我們所觀察的近的、小的構成的定律。

在一般功利的目的上，這些概念已足夠應用了。但是它們今日應用上曖昧的限制，證明它們是起源於發明的特殊各點，然後漸漸從一事物傳播到其他事物的。我們假定一個客觀的、平均遷流的時間是爲了特殊的用處，但我們並不鮮活地信仰它，或認實它。空間的觀念，沒有這樣含渾。但「物」到底是什麼呢？一系星宿是一物嗎？一支軍隊是物嗎？或理性的存在，如空間，如正義，是一物嗎？再說「同一」，一把刀換了一個柄和一個刀口，還是同一嗎？再說「種類」，洛克所嚴重論究的changeling[3]是屬於人的種類嗎？再說「事實」、「精神感通」（telepathy）是幻想還是事實呢？只要這些範疇一過了實用（一種應用特別事項的情形所指示的），到了好奇的思辨的思想方法，你就覺得要說出它們每個所應用的事實的限制是不可能了。

希臘亞里斯多德派的哲學，服從唯理的傾向，用學術的與明晰的方法，要將這些常識範疇化成永遠。例如一個物，是一存在或ens[4]。一個ens是一主位，是性質所合在內的。一個主位是一個本體。本體是有種類的，種類有確定的數目而有差別的。這些區別是基本的、永遠的。作爲推論中的名詞，它們實在非常有用，但除了指導我們的推論到有益的爭點上去以外，還有什麼意義就看不出來了。你如問一個繁瑣哲學者本體自身是什麼，除了是屬性所附托的以外是什麼，他們不過說你的智慧，自會完全知道這字的意義。

但是智慧所明白知道的，不過是這字自身同它的指導機能。好奇的智慧，問到這裡，就捨了思想上常識的階級，而達到批評的階級。不但這些智慧如休姆、貝克萊、黑格爾，就連實際事實的觀察者，如伽利略（Galileo）、道爾頓（Dalton）、法拉第（Faraday）一派的人，也自覺不能將常識的樸素的感覺境界作爲最後的實在。常識將平常有恆的「事物」置於斷續的感覺之間，科學將它的原始性質，即原子、以太、磁場等等的世界，置於常識世界以外。「物」現在是不可見不可覺的物。舊的常識可見的物，假定爲這些不可見的物雜糅所得之的結果。否則將所有物的樸素概念，完全廢去，一個物的名詞，不過表示我們感覺習慣所循著連續或同時存在的定律。

科學與批評的哲學，這樣盡撤了常識的藩籬。有了科學，樸素的實在論不能存在。第二性質成爲不實在，只有原始性質存留了。有了批評的哲學，各物都破壞了。常識範疇一概不能代表存在，它們不過是人類思想上偉大的玩意兒，是我們在感覺流中逃避迷惑的法子。

批評的思想中科學的傾向，雖不過是智識的動機所感悟，卻發展出無限意外的實際利益來。伽利略給我們精確的時鐘同精確的炮術練習；化學者給我們很多的新藥品、新染料；安培（Ampère）同法拉第賜給我們紐約地底電車和馬可尼電報。

這樣的人所發明的假設的事物，照他們的定義竟顯出非常豐富，而可用感覺證實的結果來。我們的論理學能從它們演繹出一個結果所需的條件，我們有了這些條件，那結果便在我們眼前。依科學的思想方法，所得的實用上統馭自然界的能力，其範圍遠過於舊時常識所得的統馭力範圍了。它的增加率又這樣迅速，沒有人能指出它的限制；有人恐懼人的權力，或竟致毀壞他自己的存在。他的智識爲他增多創造的機能，而他機體的固定性質，卻不能承受這無限的奮力。他也許淹斃在他的富藏裡，像一個小孩子，開了水管，卻關不起來，溺死在浴盆裡一般。

批評的哲學階級在它的否定方面，比科學的階級還來得徹底，卻沒有給我們新的實用能力。洛克、休姆、貝克萊、康德、黑格爾，講到自然界事實的發明，都是絕端貧瘠的。我想不到什麼發明或創造，可直接溯源於他們特殊的思想，貝克萊的柏油水、康德的星霧說，都與他們各人的哲學主義絕無關係。信從他們的人，所得的滿足是智識的，不是實際的；況且我們還須承認，信從者中間，也有人不能得到那智識上的滿足。

據上說，在我們生活的世界裡，思想上至少有三個各具特徵的階級——常識的、科學的、哲學的——每階級裡的觀念，各有一種優點。要絕對說，這一階級比那一階級更真些，卻是不可能的。常識是鞏固些，因爲它占的時代最早，將所有語言都網羅入它的友邦裡。它同科學比，哪個更莊嚴些，須各人自己評判。但是鞏固與莊嚴都不是眞理的決定符號。若常識是眞的，爲什麼科學要把我們世界所有活的興味所由來的第二性質加上一個假的印號，卻發明一個無形的點和曲線和數學程式的世界來替代它？爲什麼它要將原因和活動變成機能變化的定律？繁瑣哲學——常識的有學術訓練的小妹——要將人類已有的思想形式化成固定的、永久的，只是勞而無功。實際形式（我們的第二性質）的生命，沒有延到一六〇〇年。

當時人早已厭棄它們了；後來伽利略與笛卡爾的新哲學，給它們正式「送終」罷了。

但若新科學的物事是眞的，原子和以太的世界是眞的，爲什麼在科學自身範圍以內惹起這麼多批評？科學的論理家到處說，這些東西和它們的限定，無論怎樣確定概想，不應照字面解釋。只可說，它們好像存在的；但實在它們如縱橫線或對數，不過引導我們從經驗流的一部分到他部分的捷徑。我們能計算它們，很有結果的。它們很好地服侍我們，但是我們決不可被它們給欺騙了。

我們比較這幾種思想，不能達到一個結論，說哪一種是絕對更眞的。它們的自然、它們智識上的經濟、它們實用上的結果，這些都拿來做它們眞的試驗，所以我們弄糊塗了。在一種生活範圍裡，常識是好一點；在第二種生活範圍裡，科學是好一點；在第三種生活範圍裡，哲學的批評是好一點。若說是絕對眞與否，只有天知道了。

我看現在有一種趨勢，要回覆到用常識觀察自然界的方法。馬赫、奧斯特瓦爾德、杜恒一流人所提倡的科學的哲學，都表示這個趨勢。依這些講師說，在實在的摹本意義上，沒有一個假設，能比他個假設眞些。假設不過是我們的說法，應單從應用上比較。眞的物，只有「實在」；而我們所知道的實在，只有可感覺的實在（sensible reality），就是我們感覺和情緒所成的流。照奧斯特瓦爾德說，這些呈現的感覺（如動、熱、磁力、光等等），拿一定的方法去量，可給它們一個集合名詞，叫「力」。我們能量它們，就能用最簡單、最有效果的公式去描寫它們相互的關係。這些公式是思想經濟的大勝利。

沒有人不羨慕這力的哲學的簡單。但是超越感覺的單體、原子和震動等觀念，依然受多數物理學者與化學者的承認。力的哲學好像是太經濟，所以不完全。「實在」的特性，也許是繁，不是簡。

這裡論究的材料，含有最高學術的性質，於普通講演中談論恐不相宜，即我自己的學問，要來處理這些問題，也恐不夠。不過我的結論，倒更好達到。眞理的全部觀念——我們自然的，不假思索的說，眞理是我們的心，從現成的實在所得簡單的複本——是不容易明白了解的。思想的各種，要求包有眞理，我們一時沒有簡單試驗，可評判它們。常識，普通科學或原子的哲學，超越批評的科學，或力的哲學，同批評的或唯心的哲學，看來都是不充分的眞，都有一點不滿足。這些絕對不同的系統之衝突，顯然迫使我去仔細檢查那眞理的一個觀念，因爲對於這字，我們現在沒有確定的觀念。這一層功夫我留著到下一篇裡做，這一篇我只要加幾句話就完了。

在這一篇裡，只有兩點，我願你們記好的。第一點關於常識。我們已經看見有理由去疑惑它，常識的範疇，儘管這樣尊嚴，儘管有普遍的應用，而組入語言的構造裡，我們便有理由去疑惑它們。這些範疇也許不過是一堆非常勝利的假設（在歷史上，也是個人發現的，但是逐漸地被各人傳播應用了）。我們的祖先從荒遠的時代，一經用來統一整理他們直接經驗的不連續，用來將自己與自然界的表面置於一個平衡上。他們在實用上這樣勝利，若沒有德謨克利特、阿基米德（Archimedes）、伽利略、貝克萊這些人卓越的智識活潑，和他們所喚起的其他怪異的奇才，這常識的範疇或竟終古不變。我請求你們，對於常識的懷疑，要牢記著。

還有一點，我們所述各種思想的存在，在一種用處裡，各有各的優點，仍是彼此衝突，沒有一種能當得起絕對的眞——這事實喚起我一個預先假定，就是：我們的理論，是工具的，是適應實在的精神程式，不是神聖創造的宇宙謎的啓示或直覺的答語。這樣一個假定，很有利於實用主義的見解。我在第二篇裡，已將這見解說明白了。實際上理論情形的紛擾，每個思想階級在一種用途上的價値，彼此決絕排斥的不可能，都引起這實用主義的見解，這見解我希望在下篇裡說得完全可信。眞理中到底有沒有一點可能的曖昧嗎？

◆注釋◆

【1】直譯為「我們不到天亮不回家」。——編校者

【2】今譯為《理性的生命——常識的理性》。——編校者

【3】今譯為「醜孩子」。——編校者

【4】今譯為「抽象的存在」。——編校者

第六篇　實用主義的眞理概念

傳記上說，當克拉克·馬克斯威爾（Clerk Maxwell）年幼時候，有一個狂癖，要人家把各事物解釋給他聽，若是人家拿含糊的話敷衍他，他就會很不耐煩地阻止他說：「是了，但是我要你告訴我它的特別用處（particular go of it）。」如若他問的是關於眞理，只有實用主義家能告訴他那特別的用處。我信現代實用主義家──席勒與杜威更甚──已給我們這問題唯一可成立的解釋。這本是一個很棘手的問題，它的蘊奧伸入各種微隙裡，用通俗講演的簡短方法，不易說明。但是席勒、杜威的眞理觀，受了唯理派哲學者這般痛擊，這般誤解，我在這裡不得不做個一明白簡單的陳述。

我很盼望用實用主義的眞理觀經歷一個理論在習慣上所必定經過的階級。第一，凡一個新理論出來，總是受人攻擊，說是謬妄的。到後來人家承認它是眞了，但是以爲它是不顯著的、不重要的。最後人家看它實在重要，它的仇敵反過來要求說是他們所發明的。我們的眞理論，現今在這三階級的第一個裡，在許多地方顯出第二階級的跡象來。我情願這篇講演能幫助它在你們多數人的眼光裡超過第一階級。

無論什麼字典告訴你，「眞」是我們觀念的一個性質。它的意義是「與實在相符合」，假的意義是和實在不相符合。實用主義家和唯智主義家自然共同承認這條定義。但是要問到「符合」是什麼意義，我們觀念所符合的「實在」又是什麼意義，他們便引起了爭論。

回答這幾個問題，實用主義家是比較分析些，勉力些，而唯智主義家則是直捷些，不思索些。普通人的意思是：一個眞觀念，一定是實在的摹本。像別的普通見解，也從最常有的經驗裡起的直譬。我們在可感覺的事物所引起的眞觀念，確實是它們的摹本。如牆上的鐘，你們閉上眼睛，可以想像鐘面的一幅眞圖畫或摹本。但是你們心裡鐘的動作的觀念，除非你自己是製鐘的人，否則遠不夠做個摹本了；然仍叫它摹本，因為它和實在並沒有什麼抵觸。就是這觀念縮小到單是「動作」一個名詞，這名詞還是眞受用的。再說到鐘的計時功用，它的發條彈性，就更難看出你的觀念所摹的是什麼了。

你看這裡有一個問題。我們觀念在不能臨摹確定對象的時候，同那對象的符合，有什麼意義？唯心論者要說，那些觀念是眞的，只要它們是上帝的意思，要我們這樣想到那對象的。別的人仍守著摹本說，以爲我們觀念所有的眞，和它們接近絕對的永遠思想方法的摹本，成爲比例。

這些見解引起實用主義的討論。那唯智派的重大假設是：「眞」的意義，是一個惰性的、靜止的關係。當你得到了不論什麼事物的眞觀念，就完事了。你占有了；你**知道**了；你已滿足了你思想的鵠的。在思想上，你已到了你所應在的地方；你已服從了你範疇的命令；從這理性鵠的的最高點，沒有什麼再需要連續下去。在認識論上，你在定止的平衡裡。

在那一邊，實用主義照常問道：「假定一個觀念或信仰是眞的，在實際生活上有什麼具體的差別？這眞理怎樣可以實現？若這信仰是假的，有什麼不同的經驗發生？總之，在經驗方面，什麼是眞理的兌現價值？」

實用主義一提起這問題，就看見了它的答案：凡**眞觀念都是我們所能消化的、考驗**

的、查明的、證實的；凡假觀念都是我們所不能如此的。這是我們有了眞觀念所產生實用的差別，這就是「眞」的意義。

這是我所要辯護的主題。一個觀念的眞，不是附在內的一個定止性質。一個觀念遇到眞，它成爲眞，事實使它眞。它的眞，是一件事情，一個過程，就是證實自己的過程。它的眞確，就是考驗自己爲眞確的過程。

但是在實用主義上，「證實」與「考驗」又有什麼意義呢？它們表示了所證實和考驗的觀念的實用效果。要說明這些效果，很難找出比平常「符合」公式更好些的一個習語——當我們說，我們的觀念和實在符合，我們心裡就會想著這些效果。它們引導我們，由行爲和它們喚起的其他觀念，達到或趨向經驗的另一部分——這經驗的別部分，我們一經感覺，仍和原來的觀念符合。聯絡與過渡是從一點到一點的、進步的、諧和的、滿意的。這個適合的引導功用，就是我們所謂一個觀念的證實作用。以上說的是模糊的、平常的，但是它有極大的結果，我須將這所餘的時間，專來解釋這一點。

我先要提起一個事實，凡人有了眞的思想，就是有了無價的動作工具。我們去尋求眞理的職分，不是天賦的，不是智識要求的，而是有很好的實用理由。

人類生活必需眞信仰的重要，是最顯著的事實了。我們生在眾多實在的一個世界裡，這眾多的實在可以給我們無限的用處，也可以予我們無窮的損害。能告訴我們或利或害的觀念，在最初的證實範圍裡，就算是眞的觀念，依著這樣的觀念去實行，是一個最先的職分。眞理的占有遠非一個鵠的，不過是趨向其他生活上滿足的預備方法。譬如我走到一個大森林裡，迷了路，餓了好久，忽然看見地上有幾個牛蹄的印子，就想到若跟著牛蹄印子走到盡頭，一定可尋到有人煙的地方。這觀念是很重要的，因爲我若照樣做，就能脫險了。這裡眞的思想是有用的，因爲它的對象——人家的房子——是有用的。這樣看，眞觀念的實用價值，根本上從它們對象的實用的重要可得到。它們的對象，自然也不是無論什麼時候都重要。譬如我在別的時候就用不著人家的房子；我對於房子的觀念，不論怎麼證實，在實用上是不適合的，還是潛伏。不過無論何物（對象）有時變成重要，所以預先儲存若干額外的眞理，留爲對付可能的情境的用處，也很便利。這樣額外的眞理我們都存在記憶裡，我們的參考書籍，也充滿了它們。只要緊急時候來了，這額外的眞理適合實用，它就離了儲藏的堆棧，到世界裡來動作，我們對它的信仰，也變成活動了。你可以說「它是眞的，因爲它是有用的」。你也可以說「它是有用的，因爲它是眞的」。兩句話的意義恰是一樣，就是：這裡有一個觀念，實現了，能證實了。「眞」是一個觀念開始它證實作用的名詞，「有用」是它在經驗裡已經完成功用的名詞。除非自始便是有用的，眞觀念決不會挑選出來作爲眞觀念，也不會得到一個類名，更不會有一個名詞，含有價值的意義。

從這簡單的指示，實用主義得到它眞理的普通觀念：眞理是一種法子，把我們經驗裡的時間，引導我們到他的時間而有價值。從根本上說，並從常識階級上說，**一個觀念的眞，意思就是它有有價值的**一**個引導功用**。在我們經驗裡一個時間能感動我們而起一個眞思想，意思就是遲早我們都要靠那思想的指導，而重投入經驗的各項，同它們發生有利的聯絡。這也是一句含渾的話，但是我請你們記好，因爲這是很重要的。

我們的經驗徹底地包含著規則、秩序。一項經驗能警告我們準備著他項，能通知我們較遠對象的意義。這對象的出現，是那意義的證實。這樣的眞理不過是終究證實的意義，同我們方面的違逆是不相容的。一個人的信仰，不同他經驗中實在所依著的秩序相平行，這人沒希望了；因爲他的信仰不引導他到什麼地方，或者發生假的關係。

這裡所說「實在」或「對象」，指可感覺的常識事物或常識關係，如日期、地點、距離、種類、活動。跟著牛蹄印子所起的房子影像，我們居然走到了而能看見人家住的房子，我們得了那影像的完全證實。**這樣簡單和完全證實的引導，自然是眞理過程的初型或原本。**經驗確實給我們別種眞理過程，但是它們都可概想爲這種證實作用之受阻礙的、繁複的或替代的。

譬如拿那邊牆上的物做個例子。雖然我們沒有看見裡面的動作，我們當它是一個鐘。我們不去證實，就算那觀念是眞了。如若眞理完全是證實作用，這樣未證實的眞理，不好說是流產的嗎？那卻不是，這樣未證實的眞理，構成我們靠著生活的眞理之大多數。間接的證實和直接的一樣有效。參考事實的證據夠了，就算沒有目擊與見證也無妨。我們沒有到過日本，卻假定日本的存在。因爲這假定能應用，各種事物都適合這信念，沒有什麼事物可阻礙這信念，我們就讓這信念成立了。我們假定牆上的物是一個鐘，也是如此。我們當它一個鐘來應用，拿它來規定我們講演的長短。只要它不引導我們遇著障礙或矛盾，這假定就算證實了。鐘的發條、齒輪和懸擺的可證實性，與證實作用有一樣的效力。在我們生活裡，有一個完備的眞理過程，就算有千萬個眞理，在這樣產生狀態中顯出它們的功用。它們教我們趨向直接的證實，引導我們進入它們所表現對象（事物）的環境。若各樣都進行得妥貼適合，我們也就確信，即使節省了證實手續，那證實仍是可能的，後來的事實又常證明我們這樣的態度是正當的。

在事實上，眞理大半存在於一種信托制度上。我們的思想與信念，只要沒有什麼反抗它們，總可「通過」，好像銀行鈔票，只要沒人不收受，總可流通的。不過總有地方仍可直接證實；若竟沒有地方可直接證實，那眞理基礎就破裂了，如財政系統沒有準備現金而破裂一般。你接受我一件事的證實，我接受你另一件事的證實。我們彼此在眞理上交易。但是曾有人具體地證實的信念，是全部結構的砥柱。

在生活的尋常事務裡，我們廢除完備的證實手續——除時間的經濟以外——還有一大原因，就是一切事物都不是單獨地存在，而是歸著種類地存在。我們的世界，永有那一個特性。我們只要一度直接證實關於一類裡一標本的觀念，我們就可以不須實證而將這觀念適用於同類的其他標本。一個思想，慣常看著事物的種類，即刻依著種類的定律去動作，卻不停地去求證實，這樣的思想在一百個緊急時間裡，有九十九個是眞的，它的行爲適合所遇的各事物，而不被否認，就是證明了。

這麼說來，**間接的或可能的證實，同完全的證實是一樣眞的**。它們都像眞的方法一般適用，給我們一般的利益，有一般的理由，要求我們的承認。以上所說，都是在常識上的事實。

但是我們交易的事物，不只是常識的事實。**純粹的觀念間之關係**，也是一個範圍，可以有眞的或假的信念。在這裡，信念是絕對的，或無條件的。它們若是眞的，就稱爲定義或原則，如一與一爲二，二與一成三，以此類推；白色與灰色的差別，比白色與黑色的差別爲小；原因開始動作，結果也同時開始。這些都是定義或原則。這樣命題，凡各種可能的「一」、「白色」、「灰色」、「原因」都可適用。這裡的對象是心的對象。它們的關係在知覺上很明白了，用不著感覺證實。而且一度眞了，同樣的心的對象即永遠眞。這裡的眞，有一個「永久的」（eternal）性格。你無論在什麼地方，有一個具體物是「一」或「白色」或「灰色」或「效果」，上述的原則可以永遠適用。這不過是先決定了種類，然後用種類的原則，應用到特別對象上去的一例。你只需要正確說出它的種類，你就得了眞理，因爲你的心的關係，於那種類中各物，沒有例外，都是適用的。你如若沒有具體地得到眞理，你就要說，你的實在對象的分類定差了。

在心的關係的界域內，眞理也是一個引導作用。我們把一個抽象觀念，和他個抽象觀念聯絡起來，最後構成論理的和數學的眞理系統，凡經驗中可感覺的事實，都照這系統內各名詞排列起來，使我們永久的眞理，也可以適用於眾多的實在。這個事實與理想的聯婚富於無限的生產力。如我們把對象分類得正確，我們所說的，在特殊的證實以前就眞了。各種可能的對象之已成理想的結構，且跟著我們思想的結構。我們對於這些抽象的關係，不能反覆無常，和我們對於感覺經驗不能反覆無常一樣。它們迫壓我們，我們喜歡或不喜歡它們的結果，總得一貫地待遇它們。加法的規則適用於我們的債務，同樣適用於我們的債權，一樣地嚴厲。π的百位小數和圓周與直徑的比例，雖然沒有人算過，卻在理想上預定了。我們若處理一個圓周，用得著那數目時，我們只須正確地寫下，照尋常的規則計算。因爲這是同樣眞理，在別處這些規則都適用的。

我們的心，壓緊在感覺界的迫壓和理想界的迫壓中間。我們的觀念，必須同實在符合，無論這樣的實在，是具體的或抽象的？是事實或原理？一旦觀念不符合實在，無窮的矛盾和障礙的懲罰就立至了。

以上所說，唯智主義者不能有什麼抗辯。他們只能說，我們只接觸這問題的表面罷了。

「實在」的意義這樣說來，或是具體事實，或是抽象事物的種類，和它們直覺的關係。它們的意義也是我們已有的其他眞理的全部，爲我們新觀念所不能不重視的。若用流行的定義來說，眞理同這三層的實在相符合，又是什麼意義呢？

在這裡實效主義與唯智主義分手了。最初的意義、符合原是臨摹，但是我們已說過，一個鐘的觀念，「鐘」字就足夠可表達了，並沒有它動作的心象。有許多實在，我們的觀念只是它們的符號，不是摹本。「過去時間」、「力」、「自然」等這些實在，我們的觀念怎樣能臨摹呢？

在最廣義上，同實在「符合」的意義，**只可說是被引導而直達實在或到它的四圍，或同它有運用上的接觸，而可以處理它或它的連帶物，比我們同實在不符合更好些**。在智識上或實用上更好些。當時符合的意義，不過是消極的；就是從那實在的所在，不發生什麼來阻礙我們觀念的引導。臨摹一個實在，是同實在符合最重要的一個方法，但並非主要的方法。主要的事，是被引導的作用。無論什麼觀念，能幫助我們在實用上或智識上**對付**實在或它的連帶物的，不阻撓我們進行，使我們的生活**適合**實在的全部配置，這觀念是能滿足符合的條件。這觀念適用於那實在，是眞的。

這麼說，名詞如確定的心象，一般地可眞可假。它們引起同樣的證實作用，而引導到完全相等的實用結果。

凡人類的思想都會分歧。我們彼此交換觀念，彼此借貸證實方法，從社交上得到觀念的證實。一切眞理，在語言上建設起來，儲藏起來，給各人的應用。所以我們必須一貫地說話，如我們一貫地思想一般。因爲在言語和思想裡，我們都對付種類。名詞是人爲的、獨斷的，一旦商定了，便不能再改。我們不可一時叫Abel[1]作Cain[2]，一時又叫Cain作Abel。若我們這樣，那全部《創世紀》[3]同所有它和語言事實的宇宙關係，自始至今，都解體了。我們摒棄自己於那語言事實的全系統所包含的眞理以外了。

我們眞觀念中最大多數，都不容直接的證實方法——如歷史的觀念，Cain和Abel的觀念。時間的流，只能在語言上覆案，或用過去事物的現在延長或效驗來間接證實。如若過去事實和這些言語或效驗符合，我們能知道我們對於過去的觀念是眞的。過去時間是眞的，所以凱撒（Julius Caesar）是眞的，洪水泛濫前的怪獸，各在它們的日期和位置，也是眞的。過去時間的自身，有它同現在各事物聯合的證據。現在是眞了，過去也是眞的。

這樣說來，符合的主要事情就是引導——這引導是有用的，因爲它所引導到的地方，含有重要的事物。眞觀念引導我們到有用的語言和概念的地方，也引導我們直接到有用的感覺境界。它們引導到一貫、穩固和遷流的人類交際。它們引導我們遠離怪癖、隔離和頑鈍的思想。引導作用，若不受桎梏地流動，若不遇抵觸和矛盾，便作爲它間接的證實。但是「條條道路通羅馬」，各眞觀念終究要引導到一地方，有直接證實的感覺經驗。

實用主義家解釋「符合」的寬泛方法是這樣。他從實用上著想，他讓這名詞，包括所有從現在的觀念到將來的境界傳導，只要這傳導是能順利地前進的。惟其這樣，所以超越常識的科學觀念，可以說是和實在符合。這裡的實在雖像是以太、原子或電子構成的，但是我們不能這樣刻板地想。「力」的一個名詞，本不能代表「客觀的」事物。它不過是量度現象的表面，貫串它們的變換在一個簡單的公式上的一個方法。

在這些人爲公式的選擇中，我們不能任意反覆，和在常識的實用上不能任意反覆一樣。我們必須找一個可**運用**的理論，那就很難了，因爲我們的理論，必須調和以前所有的眞理同新經驗。它必須不擾亂常識與以前的信仰，又必須引導到可感覺的境界，確實能證實的。所謂「運用」指這兩項而言。這中間迫壓得很緊，沒有空泛假設的餘地。我們的理論受很大的壓力和管束。有時兩個理論的公式，都和我們所知道的眞理一樣地適合，我們選擇起來，就全恃主觀的理由。我們選擇已經偏袒的一種。我們拿「美雅」或「經濟」做標準。克拉克・馬克斯威爾曾說過，有兩個一樣證實的概念，而去選那更複雜的一個，是「不好的科學的嗜好」。這話多數人都同意的。科學中眞理，給我們最高限度的滿意，但是同以前的眞理和新事實的一貫，終是最有力的要求。

我已經引導你們經過了一片沙漠，但是現在快到有趣味的地點了。在這裡唯理派的批評家對我們開始攻擊，我們要回答他們，就要離了這許多沉悶的討論，去概觀一個哲學上最重大的區別。

我們的眞理觀是多元的眞理觀，眞理是引導作用，在事物裡實現，有一個共同性質，就是有價値的。它們有價値，因爲能引導我們達到一個系統的部分，這系統在無數交點，深根於感覺的事物。這感覺的事物，思想上或可臨摹，或不可臨摹，無論怎樣，我們和它們有個關係，泛稱證實作用。我們所謂的眞理，不過是證實作用的一個集合名詞，如健康、富足等，都是和人生相關的各種作用，我們求取它們，因爲値得追求它們。眞理如健康、富足等，都是我們在經驗裡造成的。

這裡唯理論就要起來反抗我們，說：「眞理決非造成的，是絕對地取得，是一種唯一的關係，不待什麼證明，超出經驗之上，而能符合實在的。我們信那牆上的物是一個鐘，即使全部世界史上沒有人證實它，這信念已是眞的了。無論什麼思想，有那超絕關係的，不管有證實方法沒有，總是眞的。你們實用主義者，將眞理置在證實作用裡，是先後倒置了。證實作用，不過是眞理的符號，是我們觀念中的事實，已有了那奇異的性質（眞），然後再去探索決定的跛形方法。這性質（眞）自身，是無時間的，和各本體、各自然性一樣。我們思想，直接地分享眞理，也和它分擔假僞和不適合一般。眞理不能分析到實用的效驗裡去。」

這唯理論的痛駁似乎有理的原因，我們早提過了。就是，在我們世界裡，事物都歸入同樣的種類，有同樣的聯絡，一次證實，可適用於一類的各項。我們要知道，事物不單只爲能引導到這些事物，而是爲了這些事物所連帶的事物，更爲了人關於它們的談論。在實用主義上，經驗以前所得眞的性質，只有這意義，就是：在這世界裡，有無數觀念，不必要直接的或實際的證實，只須有間接的或可能的證實，反而應用得好些。經驗以前的眞理，只有可證實性的一項意義；否則即是唯理論者常用的術語，將一個具體現象的實在名詞，當作一個獨立的先存在本體，拿這名詞放在實在之後，作爲它的解釋。馬赫教授引萊辛（Lessing）的詩：

漢辛對他哥哥弗里茨說：

「我的哥哥弗里茨——

這世上最有錢的是最富的人，
你知道到底是怎麼一回事？」

漢辛把「富」當作所以為富的事實以外的一個原素，所以錯了。他以為富的存在在先，一個人有財的事實，不過剛好同富人的本性符合罷了。

這裡的錯誤大家看得出。我們知道富足不是人性上的優點，只有洛克菲勒（Rockefeller）和卡耐基（Carnegie）有，我們便沒有。這也不過是一個名詞，表示一種人生中所參加的具體過程。

健康也一樣，存在於經驗裡。雖然我們的傾向，總想健康是一個原素，說人家消化和睡眠得好，因為他是健康的。其實健康也不過是良好的消化、循環、睡眠等作用的一個名詞。

體力更容易誤作為原素了。我們當它是人所前有的優點，以為許多肌肉的本領，都從這個原素得來。

講到眞理，多數人更完全將唯理派的觀念作爲自然明白的。這些末了有個th的字（如wealth, health, strength, truth）[4]都是相同的。它們都不能在經驗以前存在的。

繁瑣哲學者跟隨亞里斯多德，把習慣與行爲分別得很嚴格。在行爲上，健康的意義，包括良好的睡眠和消化。但是一個健康的人，不必常在那裡睡眠和消化，猶如一個富人，不必常在那裡經手金錢，一個有力的人，不必常在那裡舉引重量。在他們活動的休息間，這些性質潛伏了成爲習慣。眞理也是這樣。在我們觀念和信仰的證實活動休止間，眞理成了它們的習慣。不過那些活動仍是全部的根本，休止間有習慣存在的條件。

簡單說，「眞的」不過是適宜的思想，好像「正當的」不過是適宜的行爲。各樣的適宜，長久期間和全部的適宜。眼前經驗所適宜的，未必能滿足以後的各經驗。我們知道經驗能溢出舊限制，而使我們改變現在的公式。

「絕對的」眞——意思是沒有後來的經驗可以改變的——是一個理想的合點，向著它，我們想像一切暫時的眞理，有時會湊合的。這是一個理想，和完全有智慧的人絕對完成的經驗是理想相同。若它們可以實現，是要同時實現的。在那絕對的眞理未實現以前，我們只好依著今日所能得的眞理去生活，預備著明日叫它假僞而拋棄了。托勒密（Ptolemy）的天文學、歐幾里德的空間、亞里斯多德的論理、中古煩瑣學派的玄學，都曾適宜過幾世紀，但是人類經驗早溢出了它們的限制，我們現在只說它們是比較的眞，或在一種經驗範圍內是眞的，若從絕對上說，它們是假的。因爲它們的限制是偶然的，過去的理論家就可以有人超越它們，像現代思想家超越它們一般。

當新經驗引導到回顧的判斷時，這些判斷所說的，雖沒有過去的思想家曾經達到過，但也是眞的。一個丹麥思想家說過，我們向前生活，向後了解。現在發明了過去世界的許多過程。這些過程在局中人看，或者是眞理過程。在知道後來歷史所顯示的人看來，它們就不是了。

一個潛伏的更好眞理，有一天可以絕對的建設——這樣的一個眞理觀念，像其他實用主義的觀念，趨向著事實的具體性，趨向著將來。絕對的眞理和部分的眞理一樣，也須造成的，須在一團證實經驗的生長中，偶然造成一個關係。

我已注重一事實，就是說，眞理大半從以前所有的眞理所造成的。人的信仰，是許多貯蓄的經驗。但是信仰自身是世界經驗全部的一部分，因此更成爲以後貯蓄系統中的材料。若實在是指可經驗的實在而言，那麼實在和人所得關於實在的眞理，是永遠在變化中——也許是向著確定鵠的而變化——但仍是不停地變化。

數學者能用兩個變數來解決問題。照牛頓的理論，速率增加依距離的比而變，距離也同速率增加相比的變，是一個例子。在眞理過程中，事實獨立地來暫時決定我們的信仰。這些信仰發生我們的行爲；但是在行爲時，又指出或喚起新事實來重新決定這信仰。所以眞理這樣滾起來，那完全的繩和球是兩重影響的產物。眞理從事實中發現，但仍向前投入事實中，加增事實；新事實再創造或宣示新眞理出來，如此循環不息。事實自身在這時並非「眞的」，它們不過存在。「眞」是信仰的作用，起於事實，也終於事實。

這眞理的兩個分子交互決定，好像一個雪球的長大，一面因爲雪的分布，一面因爲小孩子們接續的拋擊。

唯理主義者與實用主義者最緊急的分別，現在完全可見了。經驗是在變化中，我們對於眞理的心理上決定，也是在變化中——這是唯理主義容認的。但是實在自身或眞理自身是變化的，它就永遠不承認了。它所堅持的是，眞理從無量時間就是完全的、現成的，我們觀念同它的符合，是我們觀念的唯一的、不可分析的德性。這樣的眞理是內容的優點，和我們的經驗不相關。它不會增加什麼到經驗上去，它和實在也沒有關係，它是附加的、惰性的、靜止的，它不過是一個反影。它並不**存在**，只可保留或取得。它不屬於事實或事實關係，它屬於知識論的一方面——他們拿出「唯理主義」的大字來，討論就終止了。

實用主義向前望著將來，唯理主義恰向後望著過去的無量時間。唯理主義牢不可破的習慣，是歸束到原則，只要舉出一個抽象作用的名詞來，便什麼都有神祕的解決。

這兩種主義在眞理觀上的根本差別，怎樣含有生活效果上的重大意義，須到下面數篇裡才得明白。我在結束這篇前，只要說一說唯理主義的崇高偉大，無補於它的空虛。

你若問唯理主義者，請他不要單說實用主義輕蔑了眞理觀，教他自己去下一個界說，表示他們的確定主張，你可得這兩個答覆：

一、「眞理是命題的系統，對於我們無條件的要求，使承認爲可靠的。」A. E. Taylor[5]的話，見 *Philosophical Review*[6]，第十九卷，第二八八頁。

二、「眞理是一種判斷的名詞，這種判斷，我們有成立它的責任的。」H. Rickert[7]：*Der Gegenstand der Erkenntniss*[8]。

這樣界說，我們一看就知道是非常空泛的。它們自然是絕對眞的，但除非你能從實用上處理它們，否則全無意義。這裡所謂「要求」，是什麼意義？所謂「責任」，是什麼意義？若這些名詞，總括爲什麼眞的思想於人最適宜、最善的具體理由，那麼在實在方面，應受符合，我們說是「要求」；在我們方面，應去符合，我們說是「責任」，都不爲過。我們就因爲這些理由，感覺這要求和責任。

但是唯理主義者若談要求和責任，明白說他們和我們實用上利益或人的理由，沒有關係。我們符合的理由，他們以爲是心理的事實，和每個思想者同他生活的事情有關係。這些理由，不過是思想者的證據，並非眞理生活自身的部分。那眞理的生活全在論理或知識——不是心理的——方向上，它的要求，比一切個人的動機都先存在。雖然人和上帝，都不應確定眞理，但眞理仍可界說爲應該確定和承認的事物。

一個觀念，本從經驗的具體事實抽象而成，卻用來反抗和否認所從抽象的事實，這是最好的一個例了。

哲學和尋常生活中，這類例子很多。對於抽象的正義、寬宏、美麗等，儘管痛哭流涕，到街市上，遇見了它們，因爲周圍情形，反而使它們平庸流俗了，竟「視而不見」——這是感情主義者的錯誤。我在一本傳記裡讀到一段，說一個理性派的人：「令人詫異的，我的哥哥雖然這般羨慕抽象中的美，但他對於美的建築、圖畫，或花卉，沒有什麼興味。」我最近看的一本哲學書裡，還說：「正義是理想的，全是理想的。理性推想它應當存在，經驗揭示它不能存在。……眞理應當有，卻不能有。……理性讓經驗給殘廢了。理性一旦進了經驗，就變成反背理性了。」

這裡唯理主義者的錯誤同感情主義者的錯誤，沒什麼兩樣。他們都從經驗的泥土般的事項中，抽象得一個性質，這性質比那泥土般的各事項，好像是相反的、較高的一個本性。其實它就是這經驗事實的本性。它是應當去證實考驗的眞理的本性。我們去考驗我們的觀念，因爲值得去考驗。我們尋求眞理的責任，是我們應做值得事情的普通責任之一部分。眞觀念所給我們的價值，就是我們爲什麼要求眞觀念的解釋。在富足和健康中，也有這同樣的理由。

眞理不比健康和富足有別樣的要求、別樣的責任。這些要求都是有條件的。我們所得的具體利益，是我們尋求它們當作責任的意義。以眞理言，假觀念的流毒和眞觀念的有益，一般都可明白。抽象的說，眞的性質，可說是寶貴的，假的性質，是可憎惡的：一個可以說是善的，一個是不善的，絕無條件。我們應思想眞的，遠離假的。

但是我們刻板地守著這抽象觀念，把它和經驗中它的產地對抗起來，看我們到了如何乖謬的一個地位。

在實際思想上，我們便一步不能向前。什麼時候我應承認這個眞理，什麼時候承認那個？我這承認是應當大聲的，或靜默的？若有時大聲，有時靜默，現在應該是哪一樣？什麼時候，一個眞理可以堆在大辭書的棧房裡？什麼時候應該出來奮鬥？「二乘二得四」的眞理，永遠要求我們承認，我們就應當常常背誦嗎？或者有時也不適合的？因爲我眞有許多罪孽，我便應日夜想著它們嗎？或者有時也可以排遣了，做一個合宜的社會的分子，不專在憂傷懺悔中度日？

我們承認眞理的責任是有條件的，已很明白了。單獨的抽象眞理，自然要求抽象地承認；但是多數的具體眞理，卻只在適宜的時候應當承認。當一個眞觀念和一個假觀念都關係於一個具體的情境，我們自然要選擇那眞觀念。若兩個都不關係於具體的情境，眞觀念的無用也和假觀念的無用一樣。你若問我現在幾點鐘，我回答你說我住在歐文路九十五號，我的答語實在是眞的，但是有什麼用處？我這時就給你一個假住址，也是一樣。

我們既然承認抽象眞理的應用，是受條件的限制的，實用主義的眞理觀，就有全力迫我們承受。我們同實在符合的責任，全根據於具體的經驗。

從前貝克萊解釋一般人所稱物質的意義，人家說他否認物質的存在。現在席勒、杜威兩先生說明了一般人所謂眞理什麼意義，人家就說他們否認眞理的存在。批評家說，實用主義毀棄了各種客觀的標準，把智和愚放在一個階級上。他們形容席勒先生同我的主義，總是說，我們是一種人，以爲說些有快感的事物，叫它眞理，便滿足實用主義的要求了。

這話是否無禮的毀謗，我讓大家去判斷。實用主義者圍在過去貯蓄的全部眞理和感覺世界的壓力中間，若說到思想作用所受的客觀制裁，誰還能比他感覺得更眞切？[9]近來我們聽見許多人說科學要用想像力，我看這時候也須勸人在哲學中用些想像力。我們的批評家，有幾個只從我們言論中，讀出最淺陋的意義來，在最近哲學史上，可算缺乏想像力了。席勒說，眞的是能「工作」的。人家就以爲他把證實限制於最下的物質實利。杜威說，眞的是給人「滿意」的。人家就以爲他信無論什麼給人快感的，都可喚作眞的。

我們的批評家，需有更多實在的想像力。我自己是老實地去從唯理派的概念中，用擴大的想像力，讀出最好的意義來。但我自認至今仍沒有成功。一個實在，呼喚我們去符合，沒有別的理由，不過是因爲它的要求是無條件的、超絕的——這樣觀念，我簡直尋不出它的頭腦。我自己試想像自己是世界上唯一的實在，再想像我自己還「要求」什麼。你若指出一個可能，說我可要求從虛空裡發出一個心來臨摹我，但我仍想像不出什麼動機。我給它臨摹，對我有什麼好處；它來臨摹我，對它有什麼好處（既然後來效果不能作爲動機），我實在不能推測。一個愛爾蘭人坐了漏底轎子去赴宴，實際上還是自己在走路。他說：「要不是爲了坐轎子這虛名，還是步行的好。」我也說：「要不是爲了什麼虛名，還是不給人臨摹好。」臨摹是知識的一眞形式（這是現代超絕論者所否認的）；但是我們超過了臨摹，到了符合——不是臨摹，也不是引導或適合，或不論什麼實效上可界說的作用——這個符合是什麼，就和爲什麼要符合一般的不可解。我想像不出什麼內容或動機。這是絕對無意義的抽象說。

在眞理論上，宇宙理性的眞的保護人，是實用主義者，而不是唯理主義者。

◆注釋◆

【1】今譯為亞伯。——編校者

【2】今譯為該隱。——編校者

【3】即Genesis。——編校者

【4】譯為富裕、健康、強壯、真理。——編校者

【5】今譯為泰勒。——編校者

【6】今譯為《哲學評論》。——編校者

【7】今譯為李凱爾特。——編校者

【8】今譯為《認識的對象》。一編校者

【9】此處漏譯：If anyone imagines that this law is lax, let him keep its commandment one day, says Emerson.——編校者

第七篇　實用主義與人本主義

人家對於我上篇敘述的眞理論之所以狠心地反對的原因，只是一個籠統抽象的眞理（the truth）觀念，正是培根（Bacon）所謂一種「部落的偶像」（idol of the tribe）。這個眞理，他們以爲是宇宙謎底的解答而決定的、完全的。在通俗的風尚上，若這樣解答是神祕的、玄妙的，反而更好：因爲這解答自身，可以引起人驚奇，它的蘊奧到底包藏些什麼，不顯露出來，反而沒了，於是這解答也成了一個第二類的謎。所有關於世界謎的一字答案，如上帝、一、理性、定律、心、物、自然、歸極性、辯證式的天運〔譯者注：此指黑格爾（Hegel）之哲學〕、法象、自我大靈（oversoul）等等，都從玄妙上引起人家的驚異讚嘆。哲學中專門學者與普通研究家，都將宇宙作爲一個奇怪的、化石的、獅身人面的異獸（像神話裡說的），它喚起人的注意，專用它的謎來叫人猜。眞理：什麼一個唯理派的完全偶像！在一封舊信裡——一個多才早死的朋友寫的——我讀到這幾句話：「在無論什麼裡，科學、文藝、道德、宗教，**必定**要有一個系統是正確，其他都是錯誤的。」這可代表一個少年時代的狂熱！到二十一歲，我們都要想解決這樣問題，盼望找到這樣的一個系統。多數人永遠不會想到——就是後來也不想通——什麼是眞理（單獨的、抽象的）？這個問題，實在不成問題；這觀念是從多元眞理的事實抽象而得的，像我們抽象地說拉丁語（the Latin language）、法律（the law），一樣是綜括的名詞。

法官有時說到這抽象的法律；學校教師有時說到這抽象的拉丁語，好像在判決以前，在文字文法以前，先存在了法律、拉丁語，將這判決和文法決定了，不可更改，而迫它們服從似的。但是我們稍一思索，就知道法律、拉丁語，並不是元素，卻是結果。行爲上合法律與不合法律的區別，語言上正確或不正確的區別，全是人類經驗交互作用中偶然發生的。信仰上眞與假的區別，也是這樣生長的。成語接在以前的成語上，法律接在以前的法律上，眞理也接在以前的眞理上，在這過程裡，新的漸改換了舊的。有以前所有的法律和一件新案，法官就把它們融合成新法律。有以前的成語，一個新諺或雋語正合著公眾嗜好的發生了，立刻便成了一個新成語。有了以前的眞理，新事實來了，我們的心尋著一個新眞理。

在這中間時候，我們卻偏假裝著說，凡常住的是不遷流的，以前的正義、文典、眞理是爆發出來的，而不是創造的。但試想一想，一個少年坐在法庭上，用他抽象的法律觀念，去審問案子，或一個文法家在人叢中，要說明那本國語的觀念，或一個教授拿他眞理觀念來講演實際的宇宙是否能前進。只要一接著新事實，他們的法律、文典、眞理早沸騰了。法律、文典、眞理，都是我們一面前進一面創造的。我們的曲直、禁戒、字、形式、成語、信仰，同是新的創造物，歷史前進怎樣快，它們也就增加得怎樣快。法律、文典、眞理，不是已有的元素，是結果的抽象名詞。

這樣看來，法律和文典無疑是人造的物事了。席勒應用這道理到信仰上去，他的主義是，在一個不可決定的限度內，眞理也是人造的產物。他給這主義一個名詞，叫作「人本主義」（humanism）。人的動機磨礪我們的問題；人的滿足潛伏著我們的解答，所有我們的公式，都有一個人的「矯揉」。這個人的分子，是產物裡不可解脫的，所以席勒有時似乎問我們除了這個以外，還有什麼別的事物。他說：「世界是什麼，它是我們所造它這樣的。若問它原來是什麼，或除了我們以外是什麼，再來下一個界說，那是無結果的。它就是它所成的。因此……世界是可造就的。」見《人的唯心論》[1]，第六十頁。

他又說我們要知道，這可造就性的限制，只有去試驗，我們應該當它是完全可造就的去動手，依著這假定有秩序的去做，直要等到我們確然被阻了，方才罷休。

這是席勒先生人本主義的開宗明義的宣言。他爲了這個，受到嚴厲的攻擊。我這番講演裡的意思，是要辯護人本主義的地位，所以我對於這點要略說幾句。

席勒先生和別人一樣，很鄭重地承認眞理創造的實際經驗中，有抵抗的元素，是新造的眞理所必須考量的，也必須同它們符合的。我們一切眞理是關於實在的信仰。在無論哪一個特殊信仰裡，實在總像是一個獨立物，一個尋著的——不是製造的——物。讓我略提上篇裡所說的。

「實在」是眞理所必須考量的。Taylor在他的《玄學大綱》[2]裡用這好的界說。從這個觀察點看，實在的第一部分是我們感覺。感覺是逼人而來的，我們不知道它們從何而來。它們的性質、次序、量數，是我們的制裁所不及。它們不眞不假，它們不過存在罷了。只有我們關於它們所說的話，我們給它們的名詞，我們對於它們的本原、性質和遠的關係的理論，是可眞可假的。

實在的**第二**部分，我們的信仰所必須服從地考量，就是我們感覺間或影像間的**關係**。這部分又可分爲兩項：（一）可變化的與偶然的關係，如日期和地點。（二）固定的與主要的關係，這種關係，是根據它們所關係的各端內部性質。兩項關係都是直接知覺的材料，都是事實。在我們知識論上，後一項的事實，是實在較重要的部分。所謂「永久的」內部關係，我們比較它們可感覺的各端就知覺了。這種關係是我們思想——數學的與論理的思想——所永遠必須重視的。

除這些知覺以外（雖然大半根據它們的），實在的**第三**部分，是新思考所必須考量的**以前的眞理**。這第三部分的抵抗力最小，時常結果總是讓步的。這三部分實在，常在那裡支配制裁我們信仰的構成，我們已在前面說過了。

這些實在的分子，無論怎樣固定，我們對付它們，仍有一種自由。拿感覺來說。感覺存在，我們自然不能制裁，但是在我們結論裡，我們注意及著重哪一個，就全視我們各人的興味，注重之點不同，結果眞理的構成也就各異。同一事實，我們看法不同。滑鐵盧（Waterloo）戰事的細目，同樣確定，由英國人看是大成功，在法國人眼中是大失敗。所以同一宇宙，樂觀的哲學者以爲是一個成功，悲觀者就以爲是一個失敗。

我們關於實在說什麼，全恃我們給它什麼配景。實在是實在，由它自己；實在是什麼，恃它是哪一種；而它是哪一種，又恃我們表明。實在之感覺的和關係的部分都是啞的；關於自己，它們不會說什麼，要我們去代它們說。惟其這樣，唯智主義者，如格林、凱爾德，竟把感覺推開了，拋在哲學的認識以外，但是實用主義者不肯走到那麼極端。一個感覺，有些像訴訟裡的委託人，他將全案交給了辯護人，自己卻在法庭上靜聽這辯護的律師所視爲最適宜而陳述的案中事情。

所以就是在感覺的區域，我們的心仍有獨斷的選擇。我們的去取，決定這區域的界限；我們的注重分別它的前景與背景；我們從這方向去看，或從那方向去看，由我們命令。

總之我們拿著一塊石頭，要自己去雕成石像。

實在的「永久的」部分，也是一樣。我們內部關係的知覺，由我們自由推移、排列。我們可以用這個或那個等級的次序去讀它們，用這個或那個方法去類別它們，把這個或那個知覺作爲根本的重要，直到我們對於它們的信仰，組成眞理的這幾大部，如論理學、幾何學或數學，在每部中它的形式與秩序完全是人造的。

這樣，不要說人生行爲增加實在的新事實，人早已將他們的思想形式深深地烙印在實在的第三部分（我所稱爲以前的眞理）上了。每一分鐘時間，帶著它的新知覺、它的感覺和關係的新事實，要我們去考量，但是我們關於這樣事實的過去對付，已貯蓄在以前的眞理裡。所以實在的前兩部分只有最小最新的一小部分是不靠人力來的；而這一極小部分也立刻「人化」起來，和已經「人化」了的大部分，同化、順應。在事實上，我們若沒有先存的概念，知道所得的印象大約是什麼，我們不會有什麼印象。

所以我們若說到人的思想以外獨立的實在，是一個很難尋得的物。這是剛入經驗而未有名稱的一個物的觀念，或者是在我們對它的信念未起以前，人的觀念沒有適用以前，經驗裡最初就有的一個物。這絕對是啞的、虛幻的，不過是理想的限制。我們可以瞥見它們，不能握住它們；我們所握住的，常是人的思想所已經烹調過的一個替代物。無論在哪裡尋著它，它已經塗抹裝扮過了。席勒說獨立的實在只是一塊柔軟的壞質，是給我們隨意造作的——他說的正是此意。

這就是席勒關於「實在的可感覺的中心」（the sensible core of reality）的信仰。我們「遇著」它，卻不能占有它。表面上，這很像康德的理論；但康德所謂自然界以前爆裂的範疇，同席勒在自然界裡漸漸造成的範疇，這中間判斷出唯理主義和經驗主義根本的區別。從康德派看來，席勒比康德是如魑魅對比天神了。

別的實用主義者，或能達到對於「實在的可感覺的中心」更積極的信仰，他們或者想一層一層地將人造的外皮剝了，他們可更明白實在的獨立性質。他們盡可發明實在從哪裡來的理論。這些理論只要能美滿地應用，就是眞的。超絕的唯心論者說，實在沒有中心，最後完成的外皮，就是實在與眞理爲一。繁瑣哲學，仍教人這中心是「物質」。柏格森（Bergson）、海曼斯、斯特朗（Strong）教授等信仰中心是有的，勇敢地要去界說它。杜威和席勒當它是一種「界限」。這各種不同的眞理觀中，最後證明是最滿意的，便是眞的。一方面有實在，一方面有它的說明，這說明，實在不能再改善或改變了。若這個不可能是永遠的，這一個實在觀就是絕對眞的了。別的眞理的內容，我沒處尋求。如若那些非實用主義者還有別的意義，請求他們宣示我們，請他們給我們一個門徑吧！

我們關於實在的信仰，既然不是實在，總含有人的部分，但這些人的分子卻能知覺那些非人的分子。是河造成岸呢，還是岸造成河？一個人走路右腳是主要呢，還是左腳？在我們認知的經驗的生長裡，要將實在和人的原素公判開來同答這問題，一般是不可能的。

這是人本主義地位的簡單表示。這不像詭辯嗎？我再舉幾個事例來說一下，使你們對於這問題，有更完滿的知識。

在許多慣常事物裡，大家可承認這人的分子。一個實在，我們用這個或那個法子概念它，去適合我們的用處，那實在完全被動地服從我們的概念。例如一個數目——27——你可以當它是3的3次方，或3和9的積數，或26加1的總數，或100減73的餘數，或無量的其他方法，一般都是眞的。一個棋盤，你可以當它是白地上黑方，或黑地上白方，沒有一個說法是假的。

下面的圖，你可以當它是一顆星或當它是兩個交叉的大三角形，或一個六等邊形的邊延長了，或六個三角形連接起來，或別種看法。這都是眞的看法——和這紙上可感覺的形式，一個都不抵觸。一條線，你可以說是向西，也可以說是向東，這線自身承認兩個形容法，並不覺得矛盾。

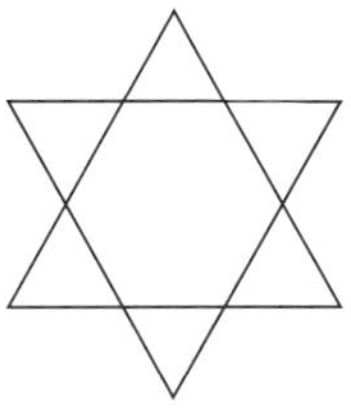

天上一群一群的星，我們將它們劃分成許多星群，它們只是忍耐地讓我們去分劃題名——若它們能知道我們所做的，有幾個對於我們給它們的伴侶，一定很詫異。同是這「北

斗星」，我們叫它Charles's Wain[3]，又叫它「大熊」，又叫它一個「杓」（Dipper）。這些名詞，都是眞的，都可適用。

在這些例中，我們都在可感覺的實在上加增一點，那實在也容忍這加增。這些加增，都同實在「符合」。它們沒有一個是假的。但哪一個更眞些呢？那全恃人的用處怎樣。如若27是在抽屜裡的27塊錢，以前我放在這抽屜裡28塊，那麼27便是28減1。如若27是一塊板的寸數，這板我要插入26寸寬的樹裡，這27便是26加1。若我要這星宿尊嚴些，Charles's Wain比「杓」是一個更眞的名詞。我的朋友邁爾斯（Frederick Myers）常滑稽地發怒，說這莊嚴的星宿，給我們美國人看了，卻不聯想到別的，單想到廚房的一個杓子。

我們到底應當叫什麼是一物？這很像十分隨便的。因爲我們劃分出物來，和我們劃分出星宿來，一樣是要適合我們的用處。這會場裡的「聽眾」，我看來是一物，一時注意而一時不安靜的物。我現在用不著去想這聽眾群裡一個個的人，我也就不想。一個「軍隊」，一個「國家」，也是如此。但是在你們眼裡看來，將你們喚作一個「聽眾」，是一極偶然的看法。你們永遠實在的物，是你們個人。若再從解剖學者看來，這些人又不過是許多機體，而實在的物是各個器官。若再從組織學者看來，器官又不如細胞是實在的物。若去問化學者，他又要說，實在的物是原子，不是細胞。

我們任意將可感覺的實在分剖成若干物。我們創造我們一切眞假命題的主詞。

我們也創造表詞。許多物的表詞，不過表明這些物與我們和我們感情之關係。這樣表詞自然是人的增加物。凱撒渡魯比谷[4]，是羅馬自由的厄運。他也是美國學校裡一個災星，因為學生讀他的著作，很難理解。這增加的表詞，和以前的表詞，一樣眞的。

我們看一個人怎樣自然達到人本主義的道理：人的貢獻是刪除不了的。我們的名詞、形容詞，都是人化的遺產。我們把它們構造成理論裡的內部秩序和排列，全受人的關係——智識上的不矛盾也是其中一個——之支配。數學、論理學，充滿了人的重新排列，天文學與生物學也大半顯出人的偏向。我們向前投入新經驗域裡，卻帶了祖宗傳下來的和自己已經造成的信仰一同去。它們決定我們注意什麼；我們的注意決定我們做什麼；我們做什麼決定我們經驗什麼。這樣層層相因，雖說有一個可感覺的實在，然而這裡的眞物與假物，大半是我們自己所創造。

我們建設這實在出來，無處可逃了。重要的問題是：實在有了我們的增加物，在價值上是增高，還是減低呢？這些增加物，是值得的，還是不值得的呢？假如一個宇宙，只有七粒星，沒有別的，只有三個人做那七星的觀察者和批評者。一個人叫那星「大熊」，一個人叫它們Charles's Wain，還有一個叫它們「杓」。哪一個人的增加物，把這七星造成最好的宇宙呢？若邁爾斯是批評者，他一定說美國的「杓」是不好的。

哲學者洛采（Lotze）有一個深遠的指示。他曾說，我們樸素地假定實在和我們的心之間有一個關係，這個關係和眞的關係，或許正相反。我們自然想，實在是現成的、完全的，我們知識的簡單任務，是描寫那現成的實在。但是洛采問，我們的描寫，就不是實在的重要增加物嗎？以前的實在自身，不會爲了激刺我們的心，使它有這樣的增加物，提高宇宙的總價值而存在：不是單爲了複現在我們知識裡而存在嗎？倭肯教授常用的一語Die erhõhung des vorgefundenen daseins[5]也含有洛采所說的意思。

這和實用主義的概念偶然相同。在我們認識的生活和活動的生活裡，我們是創造的。我們於實在的主詞和表詞部分都有所增加。這世界實在是可鍛煉的，等我們的手去給它最後的修飾。古人說天國是聽人造作的；世界也是如此，服服帖帖的聽人鑄造。人把眞理產生到世界上去。

這樣一個概念，使我們思想者的尊嚴和責任，都因之加重了。有人覺得這是最能鼓舞人的觀念。義大利實用主義的領袖巴比尼君，對於人類這種神聖創造的機能，更具一腔狂熱。

實用主義和唯理主義差別的要點，現在全部看見了。主要的差別是：**唯理主義的實在，是造好的，完成的，從無量時間以來，便是這樣；實用主義的實在，卻還在創造中，它有一部分要等將來才完成**。在那一方面，宇宙是絕對安穩的，在我們這方面，宇宙還在冒險進行中。

人本主義的深義明白了，人家對於它發生誤會，我們不以爲奇。有人說它是一個任性的主義（a doctrine of caprice）。如布拉德雷說，人本主義者如了解他自己的主張，就應承認一個鵠的，無論怎樣悖謬，只要我個人堅持，說它是合理的，便是合理的；一個觀念，無論怎樣狂妄，只要有人決定說它是眞理，便是眞理。人本主義的實在觀——實在是抵抗的，卻可鍛煉的，它制裁我們的思想，如一種「力」，必須不斷地考量它（雖不必單臨摹它）——顯然不容易灌輸給初學者。這使我想起我個人經歷的一個情境。我有一次寫了一篇論文，講我們有信仰的權利，不幸我叫它「信仰的志願」（Will to Believe）。所有批評者都忘了論文，專攻擊題目。他們說，這是心理上不可能的，道德上不正當的。他們很滑稽地替我將它改做「自欺的志願」（「Will to Deceive」，「Will to Make-believe」）。

我們現在所討論的實用主義與唯理主義的差別，不僅是一個知識論的問題，也關於宇宙自身的構造了。

在實用主義方面，我們只有宇宙的一版，沒有完成，四面八方都在生長，在思想家用力的地方，生長也更多。

在唯理主義方面，我們有一個宇宙的多版，一版是實在的，是「精裝善本」，是永遠完全的，是無限的；這之外有限的各版裡，滿藏了假的記載，附會的、殘缺的，各有各的樣子。

這樣，我們又回到多元論和一元論的各種玄學上的假設。這一分鐘的餘時，我要說明它們的差別。

第一，凡人在選擇主張時，總脫不了一個氣質的差別。唯理主義者的心，根本上是偏想的、獨斷的、權威的，「必定是」一句話不離口的。他的宇宙總帶上一根很緊的腰帶。徹底的實用主義家，卻是活動不拘的，無政府主義一般的人。若他無法，要像第歐根尼（Diogenes）住在一個木桶裡，只要那桶的箍是寬鬆的，木板縫裡讓些日光進來，他倒也毫不在意。

這樣一個寬疏的宇宙觀，影響於代表的唯理主義者，猶如出版自由，影響於俄國出版物檢查局裡的一個老練的辦事官，或「簡單拼法」影響一個學校裡的老女教師。這像一班新教徒，影響於教皇黨；像無骨氣、無原則的政治上投機主義，影響於一個舊式的法國正統派，或神聖民權之信仰者。

多元的實用主義，以爲眞理是從有限的經驗中生長的。這些有限的經驗，彼此倚靠；但是它們的全體——若有這樣一個全體——卻不倚靠什麼。在經驗以外，沒有什麼能牽制它的結局。它的拯救也只能期望於它自身內含的希望與能力。

唯理主義者看了這樣描寫的世界，是浮浪的，飄蕩在空間，沒有托足的物。這樣的世界，是一群星抛在天空中，沒有一個重心。雖然在生活的另一部分裡，我們也漸慣住在比較的不穩固中：如「國家」和絕對道德定律之權威，降成適宜的行爲；神聖的教會變成了聚集的場所。不過在哲學的教室裡，還不是這樣。若宇宙要像我們這樣的人去創造眞理，世界要聽我們的投機和個人判斷，那麼和愛爾蘭自治比起來，還是「千年的太平」！我們不配參加這樣的一個宇宙，好像菲律賓人不配自治。這樣的世界，在哲學上是不尊嚴的。這是一個沒有簽條的箱子，一只沒頭圈的狗——許多哲學教授都這樣想。

依他們想，這寬疏的宇宙，用什麼去束緊它呢？

要一物種去維持這有限的眾多，去束縛它、統一它。一種物，不順著事改變更換的，永久的。可變的經驗，必須根據於不可變的東西。在我們「事實上的」世界以後，必須有一個「法律上的」副本，是決定的，先存在的，凡能發生的事物，已潛伏了它們的可能性在那裡，每一滴血、一小件，都預定了，標明了，沒有變換的機會。在這下面世界裡，我們理想中多否認。而這些否認自身，在絕對的實在裡，是要被否認的。唯有這絕對的實在，使宇宙穩固。這是安息的深淵。我們住在那波濤洶湧的表面上，靠了這個，我們的錨抓住石頭底，一動不動。這是詩人華茲華斯所說的「無量擾攘的心中，住著永久的平安」。這是維韋卡南達所說的神祕的「一」。這是實在，它的要求是無時間的，它是不會失敗的。這是講原理的人，或我第一篇裡說的柔性的人所認爲他們必須假定的。

這也就是那篇裡的剛性的人所認爲一片迷妄「抽象崇拜」的。剛性的人，所求的是事實。我的朋友賴特（chauncey Wright），是我少年時哈佛裡的大經驗主義家，他常說，在現象的事實的背後，別無什麼。唯理主義者主張在事實背後，有事實的根據，有事實的所以可能；剛性的經驗主義者，就說他是將一個事實的名詞和本性，移置於事實背後，作爲使這事實可能的實體。這樣的假根據很多。在一個外科手術施行中，我聽見一個觀者問醫生，爲什麼病人呼吸那麼樣深。醫生答道：「因爲以太是一種呼吸的興奮劑。」那問的人說「啊」，好像已得著好的解釋了。其實還不是同說毒氣殺人，因爲它是「毒」的；今晚很冷，因爲這是「冬季」；我們有五指，因爲我們是五指的生物一樣嗎？這些都不過是把事實的名詞，作爲先有的和解釋的物。剛性人以爲柔性人的絕對的實在觀念，也是這樣構成的。它也不過是現象的綜括名詞，拿來作爲一個先有的實體。

你們現在知道人對於事物的觀念怎樣不同了。我們所生存的世界，是無量數的「各個」，散布的，分配的，在各種方法和程度中聯合的。剛性的人，情願照那樣的價值去看它們。那樣的世界，他能容受，他的氣質，適合那樣的不穩固。柔性的人就不然，他以爲我們所生存的世界背後，必須有一個另外的更好的世界，在這世界裡，「各個」構成「全」，「全」構成「一」，這個「一」論理上假定預先含有各個「各」。

我們做爲實用主義者，必須是根本上剛性的嗎？我們能將世界的絕對版本作爲合法的假定嗎？無論抽象地或具體地看它，它一定是合法的，因爲它是可思想的。

我說抽象地看它，我的意思，是將它擱在我們有限的生活背後，如我們將「冬季」擱在今晚冷的背後。「冬季」不過是若干日子的一個名詞，大概有冷的氣候，但是也不能完全擔保氣候的冷，因爲我們的溫度計明天或者就可升至華氏七十度以上。然這名詞在經驗裡，仍是有用的。它撇開許多或然的事物，指出其他或然的事物。你可以把草帽藏起來，把禦寒的東西預備好。這名詞是要尋求的事物的綜括。它是自然的習慣的一部分，叫你預備著它們且繼續。它是從經驗裡抽象的一個確定的工具，它是一種概念上的實在，你必須考量的，完全反照你到可感覺的實在裡去的。這樣抽象理論的實在，實用主義者決不否認。這便都是貯蓄的過去經驗。

具體地看那世界的絕對版本，便得一個不同的假設。唯理主義者具體地看那絕對版本，更把它拿來和世界的有限版本相對比。他們給它一個特殊的本性。它是全善的、結局的。在那方面，每個事物都和其他事物相聯絡，一同給我們知道，在這個世界裡，到處是愚昧，相差得遠了。在那裡，即使有需求，必也有滿足。那個世界是無時間的，我們這個全是過程。在我們這世界裡有可能性；在絕對的世界裡，所沒有的是從無量時間都是不可能的，所有的都是必要的，故「可能性」一個範疇，竟無從應用。在我們這個世界裡，罪惡和恐怖是可嘆惜的，在那個統一的世界裡，沒有悲惜，因爲「暫時的惡，正是無窮的全善的一條件」。

再說一遍，以上兩個假設，在實用主義者眼裡，都是合法的，因爲各有各的用處。抽象地看，或當它像「冬季」一個名詞，當它是一個紀錄，記載過去的經驗，指導我們進入將來，這樣絕對的世界觀念是不可缺的。具體地看，也有許多人以爲不可缺，因爲它在宗教上規定他們，改變了他們的生活，又因爲改變了他們的生活，遂改變了外界依賴他們的事物。

因此，我們不能跟從剛性的人，否認經驗以外的世界的全部觀念。人家對於實用主義的一個誤解，是將它和實證主義的剛性認爲一物，以爲它輕蔑各種唯理主義的觀念，以爲它愛智識的混亂，喜歡一種完全囟蠻的世界，以爲它寧取這樣混亂，不取哲學的「教室產物」。我在這些講演裡，很多關於反對過分柔性的唯理主義的話，原準備著這種誤解。但是我必須承認，就在這會場裡聽眾中，這種誤解之多也使我驚詫，因爲我雖批評唯理主義，同時我也爲它能指導我們入經驗的假設辯護過。

如今天早上，我就收到一個明信片，上面寫的是這問題：「實用主義者，必須是物質論者（materialist）或不可知論者（agnostic）嗎？」一個應該認識我很深的老朋友，給我一封信，罵實用主義閉塞了較廣的玄學上的見解，詆毀我們是最低的自然主義者。讓我截讀那信的幾段：我的朋友寫道：

我看起來，對於實用主義的實用上的駁論，就是它可以使心地狹窄的人更狹窄了。你排斥虛浮的空想的呼聲，自然是感人的。你告訴一個人，說他對於自己言語思想的直接的結果和關係，應負責任，固然很興奮，但我總不願放棄那思維較遠的關係和結果的快樂，而實用主義的趨勢，卻否認我這特權。

總之，我看實用主義趨勢的限制——或危險——和自然科學的限制或危險相類。化學和物理，是顯著地實用。忠於這種科學的人，以爲他們權度所得的事實材料滿足了，對於哲學和玄學的學者，很感無限悲憫和輕蔑的意思。不論什麼事物，固然都可用化學和物理的名詞來表示；只有那最切要的「全體的原理」，獨不能用化學物理的名詞來表示。於是他們就說表示了並不實用，對他們沒什麼影響。在我的方面，我不信我們不能超過自然主義者和實用主義者的明白的多元論，而尋求一個論理上的統一性。

我第一、第二兩次講演以後，怎麼還可能有對於實用主義這樣的見解呢？我始終把實用主義貢獻出來，作爲剛性和柔性的調和者。「先物的」（ante rem）世界觀念，無論抽象地看，如「冬季」一個名詞，還是具體地看，作爲一個假設的絕對，只要它能證明人生有什麼效果，它就有一點意義。若這意義能應用，它就有一點眞理，應當保守著，雖經歷許多可能的改述，但還可存在——這是實用主義的態度。

這絕對主義的假設——全善是永久的、原始的、最實在的——有一個完全確定的意義，在宗教上確能應用的。去觀察它怎樣可以應用，是下回也是末回講演的主題。

注釋

【1】今譯為《人格唯心主義》（*Personal Idealism*）。——編校者

【2】今譯為《形而上學大綱》（*Elements of Metaphysics*）。——編校者

【3】譯為「查理的戰車」。——編校者

【4】今譯為盧比康河。——編校者

【5】譯為「提高已被發現的存在」。——編校者

第八篇　實用主義與宗教

在上次講演的末了，我提起第一次講演裡所分別的剛性和柔性，同它們的調和者實用主義。剛性的哲學者，積極地否認柔性的假設，就是宇宙有一個永久的、全善的一版，同我們有限的經驗同存在。

在實用主義的原則上，我們不能否認一個假設，若從這假設發生有用於生活的效果來。普遍的概念，在實用主義上可以像特殊的感覺一樣實在。若它們沒有用，它們當然也沒有意義，沒有實在。但是若它們有一點用處，它們就有那麼多的意義。若這用處和生活的其他用處相適合，它的意義就是眞的。

絕對的應用，人類的宗教史已證明了。我們記得維韋卡南達氏用那神祕的「一」——自然不是一個科學的應用，因爲我們不能從它有特殊的演繹。這全是感情的和精神的。

討論事物最好借助於具體的例證。讓我讀惠特曼《給你》一首詩——「你」自然是指這詩的讀者或聽者。

你不論是誰，我現在把我的手捫著你，把你做我的詩；
我輕輕地附著你的耳說，
我愛過多少男子女子，但我現在不愛哪一個比愛你再眞摰。
啊！我以前多懶惰、多啞！
我應該早尋著你，
我應該除說你不說什麼，不歌詠什麼專歌詠你。
我現在離了一切來做你的讚歌；
沒有人了解你，但我了解你；
沒有人公正地待你——你也沒有公正地對自己；
大家覺得你不完善——只有我不這樣看待你。
我能歌詠你這麼許多光榮和偉績啊！

你從來沒有知道自己是什麼──你一生對自己如睡著；
你所做的事，都成了假戲。

但是假戲不是你；
在那假戲的裡面，潛伏了眞你；
我追尋你到沒有人追尋你的地方；
沉默、書桌、輕浮的神情、黑夜、職務，若這些掩沒了你，卻不能掩沒了使我不見你；
剃過的面孔、不定的眼睛、不清潔的顏色，若這些阻了他人，卻不能阻我；
椎結的衣裳、不健全的形狀、醉酒、貪婪、夭殤，都不在我心上。
你的中間藏著一切男子女子所有的才藝；
你有他們的勇敢強毅，你也有他們的德性和美麗；
沒有只等他人去享受的快樂，不一般等著你。

你不論是誰啊！須冒了萬難要求你自己的，
東西各方所顯示的物，比起你來，都減色了；
這些偉大的草地——這些無量的江河——你的無量和偉大，也如這些江河與草地；
你是它們的主人或主母，
自然、原質、痛苦、欲望、滅亡，你都有權利做它們的主人主母。

你的桎梏從膝上落了——你有不失敗的滿足；
你不論是老年、少年、男、女、粗魯的、低微的、他人不迎接的，你到底是什麼，總會宣露出來；
經歷誕生、生活、死亡、殯葬，方法都安排了，什麼也不缺少；
經歷憤怒、損失、奢望、愚昧、煩惱，「你是什麼」，覓著它的道路了。

這是一首很好很動人的詩。但是有兩個看它的方法，都是有用的。

一個是一元的方法，純粹「宇宙的情緒」的方法。你的外觀盡塗壞了，光榮和偉績絕對是你的。你無論遇著什麼，無論給人看成怎樣，你的內部是平安的。你只須回顧著依賴著你存在的眞原理。這是有名的寧靜主義（quietism）、冷淡主義（indifferentism）的方法。它的對敵，比它還要算精神上的鴉片。然而實用主義必須尊重它，因爲它有極大的歷史的辯證。

實用主義還有一個解釋這詩的方法，也需要尊重的，就是多元的方法。這樣光榮的你，受讚歌的你，可以指出你較善的可能性，或指你在對自己或他人救贖的效驗。這可以指你對於所羨慕喜悅的人之可能的忠愛，因爲你羨慕喜悅他人到這步田地，你情願承受自己一個可憐的生活，這可憐的生活是那光榮的侶伴。在這樣一個勇敢的總體世界裡，你至少也能領會讚賞，做一個聽眾。忘卻自己的卑微，單想著高尙的分子，同那高尙的符合，然後經歷了憤怒、損失、愚昧、煩惱，你自己造成什麼，也尋覓著它的道路了。

無論用哪一種方法去看，這詩是鼓勵我們對於自己的忠信。兩個方法都滿意，都使人的遷流成爲神聖。兩種方法，都畫「你」的肖像在一個金色的背景上。不過第一方法的背景是靜止的一，第二方法的背景是眾多的可能、眞的可能。所以第二方法，也含著那樣概念的不靜。

這詩的兩種讀法都是尊貴的，但是第二方法和實用主義的氣質最合宜，也甚明白，因爲它直接指示出將來經驗的無量數事項，叫我們立刻進行確定的活動。第二方法比第一方法平凡些，但也沒人能斥責它是不好的剛性。實用主義者積極地採取第二方法，不用第一方法。他的態度大概是受人誤解的。人家怪他否認更尊貴的概念，指他是最壞剛性的友助。

你們記得我在前次講演時，讀一個朋友寫給我信裡的幾段。讓我再讀一段。這信表示對於我們辯論的兩端缺少明晰的了解。

我的朋友寫道：

我相信多元論；我相信在尋求眞理中，我們在一個無量的海上，從一冰塊跳到另一塊冰，我們每個行爲使新眞理成爲可能，舊眞理變成不可能；我相信每個人負著改善宇宙的責任，若他放棄了這責任，那一部分的改善就沒有做。

但是我同時之所以情願忍耐子孫的疾苦顚連，自己的頭腦愚蠢也有一個條件，就是：在想像或推考上，構成一個一切事物的合理的統一性，使我能想見我這些思想、行爲、煩惱，是有世界的其他現象補足的。這樣補足了，我的思想、行爲、煩惱，原是我自己採取的一個系統的一部分。我決不信除了自然主義者和實用主義者的明白的多元論，我們不能尋求一個論理的統一性。

這樣個人信仰的一個表示，眞使聽者的心暖了。但是他哲學的頭腦，到底清不清楚？他主張一元或多元的世界解釋，是一貫的嗎？他的煩惱酬報了，只要有其他現象的補足。他顯然是向前求經驗事項的，這經驗事項他用多元的改善主義的方法來解釋的。

但是他又相信自己是向後的。他所指的，實是事物之可能的經驗的統一（unification），偏說是事物之合理的統一性（unity）。他同時假定，實用主義者缺少因信仰具體眾多的可能性而得之一種安慰，因爲實用主義者批評唯理主義的抽象的一。總之，他沒有分別清楚世界的全善，是必然的原理，也是可能的結果。

我以爲寫這封信的人，是實用主義者；但他做了實用主義者，自己卻不知道。如我第一次講演裡所說一班初治哲學的人，要求一切好的物，卻不留心它們彼此適合不適合。「一切事物的合理統一性」，本是一個很感動人的公式，他卻就急忙地把它揭出來，抽象地責備多元論，說它和這合理統一性抵觸（單看名詞它們是抵觸的），具體地他所指的，仍是實用主義上統一的改善世界。我們多數人，在這點上，都依然含渾不明晰，這也是好的；但爲清楚的頭腦，不得不有幾個人稍進一步。所以我在這特殊的宗教一點上，分別討論一下。

許多「你」中的這個「你」，這絕對實在的世界，給我們道德的感化而有宗教價值的統一性，應當一元的看，還是多元的看呢？它在事物以前（ante rem）還是在事物裡（in rebus）？它是一個原則，還是一個鵠的？絕對的還是最後的？它是第一的，還是末了的？它使你向前看，還是使你望後靠？我們值得把它們分別清楚，因爲分別清楚了，它們於生活上必有明確的不同的意義。

請注意這兩歧，全關於世界可能性的觀念。在智識上，唯理主義要求它統一性的絕對原則，作爲眾多事實可能的根據。在感情上，它拿絕對的原則做各種可能的一個包含者和限制者，一個良好結果的保證。從這樣方法看，絕對使一切好的事物確定，使一切不好事物不可能，也可以說，把可能的範疇變成更穩固的範疇。我們在這點，可以看出很大的宗教區別，在一種人堅執世界**必要**濟度和應當濟度的，在他一種人只須信仰世界**可以**濟度就滿足了。唯理主義和經驗主義的全部衝突，就在這可能之效力上。所以我們必須先將這個名詞明白了。「可能」到底有什麼確定的意義呢？不思想的人，當它是存在之第三階級，沒有「存在」的實在，比「不存在」又實在一點，一個半明半昧的境界、一個混合物、一個幽獄，我們的實在時常由它出入的。

這樣一個概念，自然太含渾，太夾雜，不能滿足我們。在這裡，同別的地方一樣，我們要找一個名詞的意義，只有用實用主義的方法處理它。我們要問，當你說一件事物是可能的，這句話發生什麼差別？至少有這個差別，就是：若有人說它是不可能的，你可反駁他；若有人說它是實際的，你又可反駁他；若有人說它是必然的，你也可反駁他。

但是這些抗辯的權利，不值什麼。當你說一件事物是可能的，在事實上還有什麼差別嗎？

至少它有這個消極的差別：如果這句話是眞的，應該沒有什麼存在的事物，阻礙這事物的可能。沒有阻礙，可以說是使這事物非「不可能」了，就是在樸素的或抽象的意義上，是可能了。

但是多數的可能，不是抽象的。它們有具體的根據。在實用上，這是什麼意義呢？這是說，不但沒有阻礙的條件，並且實際上有幾個產生這可能事物的條件。譬如一個具體可能的小雞的意義：（一）這小雞的觀念，不包含主要的矛盾；（二）周圍沒有小孩子，或毀壞它的仇敵；（三）至少有一個實際的蛋的存在。可能的小雞，是一個實際的雞蛋——加實際的孵雞，或人工孵化器。實際的條件愈達到完全，小雞愈成爲有好根據的可能。到那條件完備了，小雞變成了事實，不僅是可能了。

讓我們把這個觀念應用到世界的濟度上。我們說世界的濟度是可能的，在實用上有什麼意義？這就是說，世界濟度的條件，有幾個實際存在的。這些條件存在的愈多，阻礙的條件愈少，濟度的可能愈有好的根據，濟度的事實愈成「或然」。

這是我們對於「可能」的預備觀念。

關於這種問題，如世界的濟度，我們說我們的思想是「無可無不可」的，是中立的，那和我們生活的精神矛盾了。凡假裝中立的人，是愚笨的、虛假的。我們大家希望減少宇宙的不平安。我們看宇宙受敵，受毀壞生活的打擊，我們應該憂慮。然而有一種不樂的人，以爲世界的濟度是不可能的。他們的主義是悲觀主義（pessimism）。

反之，樂觀主義（optimism）以爲世界的濟度，是必然的，不可避免的。

在兩端中間，有一個改善主義（meliorism）[1]，這改善主義以前多作爲人事中的一個態度。樂觀主義是歐洲哲學的中堅。悲觀主義，是晚近叔本華（Schopenhauer）所倡導，有系統的擁護者還不多。改善主義，對於濟度，不當它是必須，也不當它是不可能。它說，濟度是可能的，濟度的實際條件愈多，這可能也愈具或然性。

實用主義，必定是傾向改善主義的。世界濟度的條件實際存在，它不能不承認。若剩餘的條件來了，濟度就可成爲完全的實在。我這裡用的名詞，自然是十分綜括的。這「濟度」的名詞，無論怎樣解釋，當它是一個分布的、支配的現象，或變換的、完整的現象。

譬如這會場裡的人，各有各抱負的理想，願意爲他的理想生活操作。這樣理想的每個實現，就是世界濟度上的一時間。但是這些理想，並非空的抽象的可能。它們是有根據的，它們有活的可能，因爲我們是它們的活的奮鬥者和保證者。若補足的條件有了，我們的理想就可成爲實際。這補足的條件是什麼？它們是事物的混合所給我們的機會，我們可乘的罅隙和我們的行爲。

我們的行爲，有了機會，得了罅隙，就能創造世界的濟度嗎？它創造的，不是濟度的全部，是它所占世界一部的濟度嗎？

我不管那全隊唯理論者和一元論者，我要問爲什麼不是？我們的行爲，是我們轉變的地方，我們創造自己和我們增長的地方，是我們最接近的世界的部分，是我們知識最完密的世界的部分。我們爲什麼不承認它們的表面價額？爲什麼它們不就是實際上世界之轉變的地方和增長的地方？

有人說，這是不合理的！新的存在，怎樣可以局部的一斑一點增加或分立起來，和其他全沒有關係！我們的行爲，必有一個理由，除了世界總性之物質的迫壓，或論理的迫壓，還有什麼理由可以找得出來？不論哪裡，生長的機關，是完整的世界的自身。若有生長，是全部的生長，若說單獨部分可以各自生長，就不合理了。

若講合理和事物的理由，而又說它們不能斑點般的生長，我倒要問：事物的存在，到底最後有哪一種的理由？你盡可以說論理、必然、範疇、絕對，把哲學的工具室裡的武器全搬出來，而我看來，只有一個實在的理由，就是一個事物的存在，是因爲有人希望它存在的。它是有人要求的——要求了來救濟世界全部裡頭也許不過是極小的一部分。這是活的理由，那物質的原因和論理的必然要比起來，便如死的幽靈了。

總之，若說完全合理的世界，只有一個——這是「有求必應」的世界，精神感應（telepathy）的世界。在那世界裡，有一個願望就立刻滿足了，不需再想周圍或中間的能力，這是絕對的世界。它要現象的世界存在，它就存在，不需別的條件。在我們這個世界裡，個人的願望不過是一個條件。其他個人也有別的願望要成就，所以在這多元的世界裡，存在的生長有許多阻力，從這調和到那調和，才漸漸地組織了，成了第二級的合理的形式。我們向著「有求必應」式的組織進行，能實現的，卻僅是生活的少數部分。我們要水，只須開了水龍頭。我們要照相，只須捻一捻按鈕。我們要問消息，就打一個電話。我們要旅行，就買一張火車票。在這些事例裡，我們一有願望就酬償了——世界已合理組織到那個程度。

但是我們這合理性的討論，是個旁枝，是個夾注。我們所要講的，是世界的發達生長，不是完整的，是零碎的，靠各個部分的貢獻。請將這個假設嚴重地想一想，當它是一個活的假設。假如上帝在創造世界前，這樣對你說：「我要造一個世界，不保證它是可以濟度的。這個世界的全善，不過是有條件的，全靠各個分子各盡它的能力。我給你這機會，請你加入這個世界。你知道我不擔保這世界是平安無事的。這是一個實在的冒險事業，中間有許多危險，但是也許你能得到最後的勝利。這眞正是一個社會互助的操作。你願意參加嗎？你對於自己和其他工作的人，有那麼多的信托來冒這個險嗎？」

若上帝這樣問你，這樣邀請你去參加這個世界，你當眞怕這世界不平安，竟不敢去嗎？你當眞不情願做這根本上多元的、「不合理」的宇宙分子，寧可躲在睡夢裡一覺不醒嗎？

自然，你的思想若是健全組織的，你決不會做那樣的事。我們中間都有一個健全性的輕浮，同這樣一個宇宙正配合。我們自然承受這個邀請，這世界實際上同我們所生存的世界正相像。我們對於自然的忠愛，不許我們說「不」。這建議的世界，因此從我們看來是「合理」的。

我說，我們中間多數人歡迎上帝那樣的建議。然而有些人是不願意的。人群中自有一種精神不健全的人，覺得一個宇宙裡要用奮鬥去換平安是不值得的。我們大家都有失望的時間，自己怨恨自己了，對無結果的努力也疲倦了。我們的生活挫折了，便取那「浪子」的態度。我們不信托事物的機會。我們要一個宇宙，可以歇肩，可以抱住爸爸的頭頸，就此被吸收到那絕對的生活裡面，好像一滴水滴在大海裡。

這種安靜是免去人生有限經驗的種種煩惱。「涅槃」也不過是免去感覺世界循環無窮的冒險。印度人和佛教徒把這個做爲他們的主要態度，其實只是怕再有經驗，怕生活。

這樣的人，宗教上一元論的安慰話正合他們：「一切是需要的、主要的——就是你同你不健全的精神也是一樣。一切都同上帝合一。同著上帝，一切都是良好的。你在有限形態的世界裡，能論成功或失敗，一般都是受那無量的臂膊撫護著。」人到了憂怨的極端，絕對論是唯一的救濟，那是無疑的。多元的改善主義給他們聽見，使他們牙齒都打顫了，胸口的心也驚駭得冰冷了。

具體地看，我們有兩種不同的宗教。用我們比較舊的名詞，我們可以說：絕對論的道理，迎合柔性的人；多元論的道理，迎合剛性的人。這多元的道理，有好多人不肯叫它是宗教的。他們喚它是道德主義，將宗教專留著應用於一元的道理。在人類思想史裡，宗教常作爲自屈的意義，道德常作爲自足的意義，兩者對峙，如不可符合的一般。

我們現在到了哲學的最後問題。我第四次講演裡說過，我信一元眾元的分判，是我們思想所能構成的最深、最有含義的問題。它們的分離是最後的分離嗎？只有一方面是眞的嗎？多元論和一元論是眞正不可符合的嗎？假如世界眞是多元組織的，假如它實在是分布的存在，是由許多「每個」合成的，那麼它就只能以零碎的和事實上的濟度，它的歷史也不能給主要的一性縮短循環嗎？若是這樣，我們必得選擇一種哲學。我們不能對兩項都說「唯，唯」。我們和可能的關係中，須有一個「否」。我們應當承認一個最後失望：我們不能在一個不可分判的行爲裡，同時具健全心和不健全心。

我們當自己是人類，自然可以一日健全，他日不健全的；我們當自己是初治哲學的人，也可以自命爲一元的多元論者、自由意志的定命論者，或別種調和的名稱。但是我們若當自己是哲學者，他的目的在清楚和一貫，他感覺的實用上需要眞理和眞理的適合，我們就不得不坦白採取柔性的或剛性的一種思想。以下的問語特重地時常迫我注意：柔性的要求不太過嗎？一個已經全部濟度的世界的觀念，不太甘美嗎？宗教的樂觀主義，不太偏於理想嗎？一切是必須濟度的嗎？濟度是無代價的嗎？最後的命令是好的嗎？宇宙裡一切是「唯唯」嗎？生活的中心，不就有「否」的事實嗎？我們對於生活的嚴重，不就含著它有「否」和損失的部分的意義，有犧牲在裡面的意義，中間有永遠嚴厲和痛苦的物事的意義嗎？

我不能正式代替一般實用主義者說。我所能說的，是我自己的實用主義，不阻抗我採取這道德主義的見解，而放棄總體調和的要求。實用主義，情願將多元論當作鄭重的假設。

到底決定這些問題的，是我們的信仰，不是我們的論理，我不承認假裝的論理，有權否認我們的信仰。我願意承認這個宇宙是眞正危險的，是必須要冒險的。我決不退縮，我決不說我「不幹」了。我願意想那「浪子」的態度，對於生活的全部，不是正當的最後的態度。我願意看宇宙裡有實在的損失和損失者，沒有一切存在的總體保存。我能相信理想是最後的，不是起源；是一節，不是全體。一個杯裡的流質倒出了，渣滓永遠留在後面，不過所倒出的可能，已夠圓滿可接受了。

在事實上，無量數人的想像，住在這種道德主義的宇宙裡，覺得它的散布的和貫串的成功，夠他們合理的需要了。在希臘詩裡有一個很好的箴言，表示這個心理、這個沒報償的損失——雖損失者就是自己——的接受：

一個破船的航海家，埋骨在這岸上。
祝你好好前進，切莫失望。
說我們遭難時，有好多勇敢的帆船，

都會耐過那驚濤駭浪。

嚴格道德主義家，對於「你情願為了上帝的光榮入地獄嗎？」的問題，回答「是」的人，就有這客觀的廣大心理。在這主義上，逃避惡的法子不是去克制它，或當它是主要的分子保存且戰勝它。**我們要把惡完全拋棄了，幫助造成一個宇宙，在它的裡面，更沒有惡的地位和名字。**

所以誠意接受一種嚴厲的宇宙，而不排去裡面鄭重分子，是完全可能的。能這樣做的人，我看是真正一個實用主義者。他情願生活在他所信托的無保證的可能世界上，他情願為了他所構成的理想實現拿自己去做代價。

在這樣宇宙裡，他信托什麼旁的勢力同他協力互助？在實際世界所達到的階級，他至少可信托人類。但是還有超人的勢力，如多元派宗教性的人所常信仰的嗎？他們說：「除了上帝，沒有別的上帝。」很像一元論的論調。人類原始的多神論，提高了進化成為一神論，這一神論，不從玄學講，單從它的宗教性上講，看著上帝是世界命運創造人中唯一的助手。

我怕我以前的演講，限於人性的和人本的各點，要給人一個印象，就是實用主義中，沒有超人的分子。我對於絕對，是很少敬意了，而我直到現在，除了絕對，又沒有提起別的超人的假設。但是我信你們能明白絕對和有神論的上帝，除掉同是超人的以外，更沒有相同之點。在實用主義上，如上帝的假設，有滿足的功用，這假設便是眞的。不論它餘剩的困難是什麼，經驗證明這假設確有功用。我們的問題是怎樣去建設它，把它和其他有功用的眞理聯合起來。在這末次講演的末了，我不能開始那神學問題，不過我可以告訴你們，我會就一本書，論人類的宗教經驗，這宗教經驗是造成上帝的實在的，你們或者可以諒解我的實用主義，不是無神論了。我自己硬不信我們人的經驗就是宇宙裡最高的經驗。我寧可相信我們人類對於全宇宙的關係，就和我們的貓兒、狗兒對於人的生活的關係一般。貓兒、狗兒常在我們的客廳和書房裡玩，牠們加入我們的活動，但牠們全不懂得我們活動的意義。我們人類的生活好比一個圓圈，牠們就住在這個圓圈的正切線上，全不知道這圓圈起於何處，終於何處。我們也是這樣，我們住在全宇宙圓圈的正切線上。但是貓兒、狗兒每日的生活，證明牠們有許多理想和我們相同，所以我們從宗教經驗給我們的證據看來，也很可相信比人類更高的神力是存在的，並且這些神力也朝著人類理想中的方向，努力濟度這個世界。

所以假使宗教能有多元的或改善主義的一種，實用主義可以說是宗教性的。至於那種的宗教，你是否容受，那是一問題，只有你自己能解決。實用主義，現在還沒有確實知道哪一種宗教，究竟有最好的功用，所以不能下獨斷的答語。人的各種過度信仰，和各人信仰冒險，也是搜求證據所必需的。你們大概各自有信仰的冒險。如若你是極端剛性的，自然界可感覺的事實就夠了，用不著什麼宗教。如若你是極端柔性的，你要那一元式的宗教、多元式的宗教，專靠著非必然的可能，你看來就嫌它不安穩了。

但是你如若不是極端的剛性或柔性，卻如我們多數人是混合的，那麼，我所貢獻的多元的道德主義的宗教，是最好的一個宗教綜合。一方面有樸陋的自然論，一方面有超絕的絕對論，在這兩個極端中間，我所說的實用主義的道德主義的一種有神論，恰適應你們的需要。

◆注釋◆

【1】今譯為淑世主義。——編校者

威廉・詹姆士年表

一八四二年	出生於紐約。
一八五八年	隨亨特（William Morris hunt）習畫。
一八六一年	在麻薩諸塞州劍橋的哈佛大學勞倫斯理學院攻讀化學，後又改學比較解剖學和生理學三年。之後興趣又轉向生物科學。
一八六四年	轉而學醫。
一八六五年	前往巴西亞馬遜河流域進行動物學學術考察，後因感染了天花折返。
一八六七年	前往德國留學，在赫爾姆霍茨、馮特等人的指導下學習醫學、生理學和心理學。
一八六九年	獲得哈佛大學醫學博士學位。卻因受德國決定論哲學思想的影響，得了抑鬱症。
一八七三年	健康狀況好轉，在哈佛大學教解剖學和生理學。實用主義哲學思想也是此時孕育出來的。
一八七五～一八七六年	在美國開第一門心理學課《生理學和心理學的關係》。

一八七五年	首建一個供講課演示用的心理實驗室。
一八七七年	成立一個比較正式的心理實驗室，比馮特在德國萊比錫大學建立的世界第一個正式的心理實驗室還早二年。
一八七六年	任哈佛大學心理學助理教授。
一八七八年	詹姆斯結婚，生了五個孩子。
一八八〇年	在哈佛大學任哲學副教授。
一八八四年	組織美國心靈研究會。
一八八五年	升為教授。
一八八九年	改為心理學教授。
一八九〇年	出版《心理學原理》（*Principles of Psychology*）。這本書幾乎概括整個十九世紀的心理學，被翻譯成法文、德文、義大利文以及俄文。是當時實驗心理學研究成果的基本總結，又是詹姆斯機能主義（或實用主義）心理學思想的集中體現。
一八九二年	將《心理學原理》改為《心理學簡編》（*Psychology: Briefer Course*），是當時美國大學採用最廣的心理學教材。

一八九四年	當選為美國心理學會主席。
一八九六年	赴慕尼黑參加國際心理學會議。
一八九七年	出版《信仰的意志和其他通俗哲學論文》(*The Will To Believe and Other Essays in Popular Philosphy*)。
一八九八年	前往加利福尼亞大學講授哲學，闡述實用主義理論。 《人的不朽》出版。
一八九九年	整理《對教師的講話》(*Talks to Teachers on Psychology: and to Students on Some of Life's Ideals*)，這對美國的教育心理學和廣大教師有影響。
一九〇二年	整理《宗教經驗之種種》(*The Varieties of Relitgious Experience*)，內容為用常識和心理科學的事實討論各種宗教經驗。
一九〇四年	第二度當選為美國心理學會主席。
一九〇六年	到史丹福大學講學。
一九〇七年	出版《實用主義：舊的思維方法之新名稱》(*Pragmatism: A New Name for Some Old Ways of Thinking*)。

一九〇八年	《哲學和心理學論文集》出版。
一九〇九年	出版《真理的意義：「實用主義」續編》（*The Meaning of Truth: A Sequel to "Pragmatism"*）和《多元的宇宙》（*A Pluralistic Universe*, 1909）。
一九一〇年	從歐洲旅行回了國後逝世。
一九一一年	《一些哲學問題：哲學導論的起點》出版。
一九一二年	《徹底經驗論文文集》（*Essays in Radical Empiricism*）出版。
一九二〇年	《威廉・詹姆士通信集》出版。

索引

七劃

八劃

十二劃

十三劃

經典名著文庫050

實用主義：某些舊思想方法的新名稱

Pragmatism: A New Name for Some Old Ways of Thinking

作　　者 —— 威廉・詹姆士 (William James)
譯　　者 —— 孟憲承
發 行 人 —— 楊榮川
總 經 理 —— 楊士清
文庫策劃 —— 楊榮川
主　　編 —— 陳姿穎
編　　輯 —— 沈郁馨
封面設計 —— 姚孝慈、王麗娟
著者繪像 —— 莊河源
出 版 者 —— 五南圖書出版股份有限公司
地　址 —— 台北市大安區 106 和平東路二段 339 號 4 樓
電　話 —— 02-27055066（代表號）
傳　眞 —— 02-27066100
劃撥帳號 —— 01068953
戶　名 —— 五南圖書出版股份有限公司
網　址 —— http://www.wunan.com.tw
電子郵件 —— wunan@wunan.com.tw
法律顧問 —— 林勝安律師事務所　林勝安律師
出版日期 —— 2019 年 1 月初版一刷
定　　價 —— 380 元

國家圖書館出版品預行編目資料

實用主義：某些舊思想方法的新名稱 / 威廉．詹姆士（William James）著 ； 孟憲承譯．-- 初版 -- 臺北市：五南，2019.01
面； 公分．-- （經典名著文庫：50）
譯自：Pragmatism: a new name for some old ways of thinking
ISBN 978-957-11-9986-3（平裝）

1. 實用主義

143.73　　107016973